MUJERES
QUE ESCRIBEN
SOBRE MUJERES
(QUE ESCRIBEN)

BIBLIOTECA DE LAS MUJERES

Dirigida por Mónica Urrestarazu y Olga Viglieca

Cristina Piña
(Editora)
María Angélica Álvarez
Ana María García
Sandra Jara
Clelia Moure
Cecilia Secreto

MUJERES
QUE ESCRIBEN
SOBRE MUJERES
(QUE ESCRIBEN)

Editorial Biblos
BIBLIOTECA DE LAS MUJERES

82.07 Mujeres que escriben sobre mujeres (que escriben)
MUJ   / editado por Cristina Piña. - 1a. ed. - Buenos Aires:
       Biblos, 1997. 192 pp.; 23 x 16 cm. -
       (Biblioteca de Las Mujeres / Mónica Urrestarazu y
       Olga Viglieca; 2)

       ISBN 950-786-156-4

       I. Piña, Cristina ed. - 1. Estudios Literarios

Este libro ha contado con el apoyo económico de
la Universidad Nacional de Mar del Plata.

Diseño de tapa: *Horacio Ossani.*
Coordinación: *Mónica Urrestarazu.*

© Editorial Biblos, 1997.
Pasaje José M. Giuffra 318, 1064 Buenos Aires.
Hecho el depósito que dispone la Ley 11.723.

Impreso en la Argentina.

Impreso en Segunda Edición,
Fructuoso Rivera 1066, 1437 Buenos Aires,
República Argentina,
en octubre de 1997.

Índice

Prólogo

*A*nte todo, me parece importante explicar el origen del presente volumen, que si bien está unificado por un mismo objeto de estudio —la obra de escritoras contemporáneas de diversas lenguas y nacionalidades— reúne artículos de diferente tenor, en tanto algunos revelan una fuerte tendencia hacia la teorización de una posible escritura femenina o de textualidades específicas, mientras que otros se inclinan más hacia el análisis de los textos seleccionados; al par que manejan diferentes actitudes frente al problema central que nos ha convocado: el de la escritura femenina.

En 1994, en la Facultad de Humanidades de la Universidad Nacional de Mar del Plata, dirigí un seminario de posgrado sobre "La teorización y la crítica literarias feministas", a la vez como una forma de ordenar mis propias lecturas acerca del tema y como un intento por determinar, en el peculiar ámbito de reflexión que implica un seminario, si a esta altura de la producción teórica y crítica y tras una revisión sistemática de la contradictoria bibliografía sobre el tema,[1] era posible hablar de escritura femenina con bases epistemológicas serias.

El seminario cumplió parcialmente con su función, pues sus integrantes llegamos a una conclusión que, en rigor, más parecía un cul-de-sac que una genuina salida intelectual. Ocurría que, por un lado, en el nivel de la teorización había bastante desbarajuste pues,

---

1. Digo *contradictoria* en el sentido de las diferentes bases epistemológicas —o ausencia de ellas— a partir de las cuales han pensado, en las tres últimas décadas, las teóricas y críticas interesadas en la escritura de las mujeres, feministas o no, así como en relación con la diversidad de conclusiones al respecto a la que han llegado.

más allá de la multiplicidad de enfoques existentes, que además parecían borrarse y negarse unos a otros, se percibían contradicciones serias entre los conceptos creados y puestos en circulación y la base epistemológica sobre la cual esa producción conceptual se apoyaba. Esto parecía impedir que cualquier investigadora o crítica seria sostuviera —tal como hasta ahora se había manejado— el concepto de escritura femenina. *Pero, por el otro lado, cuando pasábamos a la lectura atenta de los textos nos encontrábamos con un conjunto de rasgos comunes que impedían rechazar de plano ese incómodo y comprometido concepto.*

Por suerte, se nos ocurrió convertir el cul-de-sac *en un desafío intelectual y estético que, en uno de sus sentidos, apuntaba a la crítica, la ampliación y la reelaboración del sustrato conceptual y, en el otro, a la cuidadosa relectura de las escritoras en las que encontrábamos ese atractivo y molesto "aire de familia", tanto más molesto y atractivo cuanto que todas las que lo percibíamos éramos mujeres.*

Para responder a él, en 1995 organicé el grupo de investigación "Escritura y productividad" en el marco del programa de investigación de la mencionada universidad, del que son miembros todas las autoras de los artículos aquí incluidos, así como algunas otras colegas que, por su incorporación más tardía al grupo, no han podido sumar sus propios aportes al presente volumen.

Se ha dicho hasta el cansancio que, en el fondo, uno siempre sigue fiel a sus orígenes —o "vuelve al primer amor"— y así ocurrió con nuestro grupo de investigación, el cual sin que nos lo propusiéramos deliberadamente funcionó como un auténtico seminario, pues durante un año nos reunimos quincenalmente a discutir, confrontar ideas, cruzar lecturas y compartir bibliografía o perplejidades que íbamos descubriendo. En lo que por el contrario sí se diferenció de los habituales seminarios universitarios fue en el tema de la conducción, pues a pesar de que sigo manteniendo la dirección —sin duda por una cuestión de experiencia—, el entramado teórico que sostuvo la reflexión y la crítica es estrictamente colectivo dado que, a pesar de que cada una ha seguido su propio trayecto de pensamiento y sus afinidades teóricas, ha estudiado la obra de aquella o aquellas autoras que más le interesaban y ha resuelto de una u otra forma el desafío que nos convocó, casi siempre los problemas que personalmente se nos fueron planteando en nuestra área específica de reflexión y análisis se resolvieron gracias a la intervención de alguna o varias de las demás.

Por fin, creo que el carácter no jerárquico e intelectualmente democrático del grupo se percibe en el hecho de que mientras algunas, a partir de la revisión teórica y la lectura crítica, creen en la posibilidad de afirmar, por cauta y provisoriamente que sea, la existencia de una —o mejor "unas"— escritura(s) femenina(s), *cuyos rasgos disciernen en los textos elegidos, otras han mantenido la sospecha de que tal afirmación es primordialmente una* estrategia política *de las mujeres en tanto que grupo silenciado, ya que no resulta posible hacerlo desde un punto de vista teórico sólido, pues ello implicaría traicionar las bases no esencialistas del pensamiento que ha guiado nuestra reflexión general y particular.*

Porque el problema pasa precisamente por ahí, como luego lo desarrollaré más a fondo en mi propio artículo: ¿es posible hablar de escritura(s) femenina(s) desde un pensamiento de la diferencia que, al poner en crisis la totalidad de las generalizaciones y abstracciones de la metafísica occidental, ha revelado el carácter ideológico de la noción misma de "hombre" y de "mujer", en tanto que ilusiones genéricas simétricas de la mentalidad patriarcal y conceptos tributarios de un superado pensamiento del sujeto? Pero si, en efecto, no es posible hacerlo sin caer en esencializaciones disfrazadas y falologocentrismos invertidos, ¿no implica simultánea y perversamente hacerse cómplices de una manera posmoderna, milenarista y ad usum *de diluir, en la Diferencia, las diferencias que como mujeres seguimos sufriendo en nuestra relación con el discurso, el poder y el sexo, y que se inscriben en nuestra escritura, más allá o más acá de modas intelectuales y desprejuicios?*

Es decir que cada una de nosotras se ha ubicado frente a esta encrucijada a su manera, según podrán verlo quienes se asomen a estos artículos. Pero lo que sin duda ninguna logró fue resolverla de manera definitiva, en el sentido de poder afirmar, sin sombra de duda y con la tranquilidad de tener al toro de la lógica bien agarrado por las astas, que no existe una escritura femenina o que sí existe y se caracteriza por tal y tal rasgo.

En consecuencia, este libro no es más que una estación en el camino, una especie de mapa o diagrama donde indicamos hasta qué punto de la Terra incognita *ha llegado cada una. O, mejor, cómo, por debajo de las empeñosas líneas cartográficas que trazan nuestras palabras, se sigue deslizando, rebelde, una elusiva y femenina "tierra textual". Porque quizá, después de todo, sólo hayamos llegado a la misma perplejidad que le hizo exclamar a Hamlet "There are more things in heaven and earth, Horatio, / Than are dreamt of in your philosophy"*[2] *y a los cartógrafos del siglo XV anotar, con letra reverente, en el extremo de sus fabulosos mapas:* Hic sunt leoni. *Sólo que nuestros "leones" se lavan la melena con champú y saben coser, bordar y cocinar.*

CRISTINA PIÑA

2.   "Hay más cosas en el cielo y la tierra, Horacio / de las que sueña tu filosofía", *Hamlet*, Acto I, esc. 5.

Las mujeres y la escritura: el gato de Cheshire

Cristina Piña

Todo lo sólido se desvanece en el aire.

Karl Marx

Cuando nos internamos en la frondosa teoría literaria que se ha generado en las últimas décadas en torno de la relación de las mujeres con la escritura —en especial aquella orientada a determinar la existencia de rasgos propios en la escritura de las mujeres que den cuenta de su peculiar situación en la sociedad patriarcal, tanto respecto de su relación con el lenguaje como de sus vinculaciones con la subjetividad y el cuerpo—, nos encontramos con un singular desbarajuste o, para ser menos brutal, con una llamativa suma de contradicciones. O, por lo menos, yo me encuentro con ella, en tanto advierto que, en la mayoría de los casos —se trate de autoras con un bagaje teórico impresionante o de escritoras que simplemente han intentado reflexionar sobre su propia práctica—, los conceptos y las nociones que se han generado adolecen de una singular falta de solidez epistemológica.

Escribo la expresión anterior e imagino el ceño fruncido o el respingo de quien me lee —cuanto más teóricamente avisado(a) peor— pues ¿a quién se le ocurre a fin de siglo, en plena posmodernidad y tras rezar el último y conmovido responso a los metarrelatos (Lyotard *dixit*), así como ser testigos de la irrupción de las "epistemologías débiles", hablar de "falta de solidez epistemológica"? Pero ocurre que lo cortés no quita lo valiente, y como precisamente el gran intento de la mayoría de las teóricas feministas ha sido pensar *la diferencia femenina*, desmontando para ello los conceptos de toda la tradición metafísica occidental, tributaria —como lo han demostrado, desde distintas perspectivas, de Martin Heidegger a Jacques Derrida y Michel Foucault, de Sigmund Freud a Jacques Lacan y Gilles Deleuze, de Luce Irigaray a Celia Amorós y Ana María Fernández— de una episteme de lo mismo la cual, como su propio nombre lo indica, es por naturaleza incapaz de pensar la diferencia, no se puede aceptar que en sus reflexiones sobre este tema recaigan precisamente en el pecado que combaten, y saquen a relucir argumentos biologistas, sustancialistas o místico-religiosos para dar cuenta de la diferencia femenina, sea a la hora de escribir o de establecer relaciones con el lenguaje y el mundo. Tampoco, que en la inversión de las oposiciones binarias que han estructurado el pensamiento occidental —las cuales, como bien lo señaló Derrida, entrañan un conjunto de antinomias jerárquicas, en las que uno de los miembros ostenta una marca positiva y el otro una negativa o peyorativa— se limiten a cambiar de lugar dicho acento y resulte así que las mujeres —y su escritura o su subjetividad— en lugar de la suma de restricciones, negaciones y peyoraciones que el pensamiento patriarcal nos ha atribuido desde Platón en adelante, resultemos —¡oh, pase de magia digno de David Copperfield!— la gran esencia positiva, la "Dios Madre" en lugar de la bruja o la prostituta, la "normal" en lugar de la "histérica", la mujer maravilla en lugar de la no-toda. Matufia lógica ésta que, además del disparate sustancialista-ecologista-misticista que entraña —¿quién dijo que "las mujeres" queremos ser "buenas" precisamente en *ese* sentido?—, tiene como valor negativo agregado un costado programático y normativo aterrador. Pues, aparte de tener que ser "madres" como nos pedían desde Platón hasta Freud, resulta que para estas teóricas debemos ser "madres" de nuestros libros, escritos, además, de tal o cual manera *ad usum teoricae feministae.*

Exclusivamente en tal sentido hablo en el presente artículo de "solidez epistemológica" o, si resulta menos anticuado en el contexto de este veloz y aterrador fin de siglo, de "coherencia en la contradicción". Porque, de nuevo *noblesse oblige,* como bien lo señala Celia Amorós en su artículo "Feminismo, ilustración y posmodernidad",[1] una cosa es reconocer aquello de liberador y, sobre todo, de iluminador respecto de qué pasa con las mujeres, que puede tener y de hecho tiene el pensamiento posmetafísico y posmoderno, y bien otra caer en la misma trampa de siempre pero por el costado inverso del pensamiento.

1.　Celia Amorós (coord.), *Historia de la teoría feminista*, Madrid, Instituto de Investigaciones Feministas de la Universidad Complutense de Madrid-Conserjería de Presidencia-Dirección General de la Mujer, 1994, pp. 339-352.

Al respecto, coincido con ella en que estará muy bien eso de que los pensadores se apresuren, envueltos en la polvareda de derrumbes que su práctica intelectual ha producido, a *devenir-femmes* (el tan querido Deleuze), a alabar *il pensiero debole* (el tan comprensivo y tolerante Gianni Vattimo), a proclamar el imperio de *la razón estetizada* (el democrático Richard Rorty), pero no cuando ello entraña —como dijo el siempre sorprendente Derrida— que ahora las feministas vengamos a resultar los *únicos hombres* que quedan en nuestro engañoso mundo *light*, por reivindicar que, además de ser "simbólicamente" mujeres como ellos, somos "biológicamente" mujeres.

(Excurso 1: Aquí habría que hablar del cuerpo posmoderno, ese cuerpo que, al igual que el alma se les desvaneció a los hombres del siglo XIX, ahora se nos está desvaneciendo ante el espejo deformante de la realidad al impulso de prácticas disciplinarias disfrazadas de cosmética, y de tecnologías que, al asimilarlo a la máquina y como bien lo señaló Jean Baudrillard,[2] ya casi ni morir nos dejan —ni disfrutarlo, agregaría yo, pensando en los inminentes actos sexuales vía realidad virtual.)

Esto, ¡por favor!, no implica que esté abogando por una especie de "nuevo sustancialismo para feministas" que me dispondría desarrollar en estas páginas. Más bien que, a la luz de ciertas reflexiones iluminadoras provenientes sobre todo de las teóricas españolas —Amorós, Rodríguez Magda—, me propongo mantener los mismos "pies de plomo" que mis antecesoras a la hora de pensar la relación de las mujeres con la escritura, el cuerpo y la subjetividad pero, por un lado, no a tal punto que el propio ímpetu de un pensamiento deconstructivo me haga caer en las irónicas contradicciones místico-mitológicas en que cayeron Hélène Cixous y Luce Irigaray —una Caperucita que a fuerza de vigilar tanto no dar un mal paso en el caminito del bosque termina zambulléndose en la boca del lobo del cual quería huir— y, por otro, con la conciencia clara de que la tarea de demolición del pensamiento posmoderno, que sopla para que todo lo sólido se desvanezca en el aire, no tiene por qué ser el leñador que rescate a Caperucita de la boca del lobo sino que —como señalé antes

---

2.   En el *Seminario Internacional de Pensamiento Francés*, Instituto Argentino de Filosofía, Buenos Aires, setiembre de 1992.

citándola a Amorós— tiene sus buenos dientes, pensados casi a medida para las mujeres...

Esta voluntad, como se irá viendo, implica sumar a otros teóricas y teóricos a los utilizados canónicamente por mis antecesores, así como introducir en la reflexión la perspectiva genealógica —propugnada tanto por Ana María Fernández[3] como por Rosa María Rodríguez Magda—[4] pues, como tan a menudo lo olvidaron ciertas colegas francesas a la hora de teorizar, desde Friedrich Nietzsche sabemos que los conceptos, ideas y nociones no "surgen del aire eterno" sino que se enganchan en las pelusas del poder y la historia.

Llegado este punto de las aclaraciones, creo mi deber dejar sentado asimismo que mi intención no ha sido convertirme en una especie de maestra ciruela de la teoría literaria feminista, señalando con el puntero de mi lógica los defectos en el pensamiento de las colegas y maestras que me precedieron en tan espinoso campo. (Esta tarea, por otra parte —y justo es decirlo, sin la menor intención de maestra ciruela— ya la han realizado exhaustiva y lúcidamente Toril Moi en su utilísimo libro *Teoría literaria feminista*[5] y las autoras de *Historia de la teoría feminista* coordinada por Celia Amorós, a la que ya me he referido.) Es decir que este artículo no se propone limitarse —o siquiera detenerse— a revisar detalladamente las teorías anteriores. En rigor, a lo que aspira es a justificar una serie de nuevas ideas o conceptos problemáticos[6] que han ido surgiendo de la reflexión en torno del doble corpus que hemos manejado las autoras de este libro: la teoría literaria feminista y un amplio conjunto de textos literarios escritos por mujeres.

Hay, sin embargo, un par de conceptos a los que una y otra vez volveré: el de *escritura femenina* (Cixous) y el de *parler femme* (Irigaray) —los cuales resultan casi identificables por sus bases derrideano-lacanianas y su salida mística y a los que, por lo tanto, en

---

3.   Cfr. Ana María Fernández, *La mujer de la ilusión. Pactos y contratos entre hombres y mujeres*, Buenos Aires, Paidós, 1994, 1ª reimp.

4.   Rosa María Rodríguez Magda, *Femenino fin de siglo. La seducción de la diferencia*, Barcelona, Anthropos, 1994.

5.   Madrid, Cátedra, 1988.

6.   Siguiendo la crítica realizada por Gilles Deleuze al pensamiento representativo en *Diferencia y repetición* (Madrid, Júcar, 1988), no utilizo la palabra "concepto" pues ésta entraña la adhesión a la tradición metafísica occidental de corte patriarcal que precisamente trato de eludir.

las referencias de tipo general unificaré como *escritura femenina*—
pues están en el origen mismo de la reflexión a partir de la cual surge
este volumen, según lo he señalado en el prólogo. Una noción que,
como iremos viendo, resulta a la vez irritante y cómoda, ineludible y
falaz, puro blablablá cuando uno lee textos teóricos que la definen o
aplican, y evidencia que nos salta a la cara cuando leemos ciertas
novelas o relatos o poemas de mujeres.

Porque en el momento en que cierro *La rompiente* de Reina
Roffé o releo *La pasión* de Jeanette Winterson, cuando caigo una vez
más en ese pozo angustiante de belleza sin fondo que es *El amante* de
Marguerite Duras o vuelvo a los leves e inagotables poemas de Emily
Dickinson, que como diría Alejandra Pizarnik siempre "dicen lo que
dicen y además más y otra cosa", en mi cabeza surge —como una
especie de anguila, de "eterno femenino" o de ninfa Eco burlona— la
necesidad de hablar de *escritura femenina* para afirmar ese aire de
familia que, más allá de su especificidad imborrable, percibo en todos:
una manera peculiar de hacer hablar al silencio, de poner en duda y
al mismo tiempo buscar el perfil de una subjetividad en la escritura,
de remitir la letra al cuerpo y completarlo a él con ella, de apoyarse en
ese referente por antonomasia que parecería ser el cuento de hadas y
simultáneamente negarlo, de transgredir en un mismo sentido —o con
una orientación similar— las reglas del género literario impuestas por
los hombres.

Para ser sincera —ya que uno de los sambenitos que nos ha
colgado a las mujeres la sociedad patriarcal es que amamos la
confesión, ¿por qué no darle el gusto?—, no han sido los lúcidos o
irritantes textos teóricos literarios feministas el motor de esta reflexión y esta búsqueda de ideas o conceptos problemáticos, sino el
placer y la intriga que ésas y otras novelas, cuentos y poemas escritos
por mujeres han despertado en mí. Porque, más allá de su belleza,
"algo" que parece apuntar a un cuerpo, a una subjetividad y a una
experiencia genérica comunes se desprende de ellos. Tal vez no sea
más que una ilusión o la desesperada voluntad de poner algo donde
nada hay. Sin embargo, como buena lectora de Lewis Carroll, no puedo
olvidar la sutil e inasible sonrisa del gato de Cheshire —para quien
mira con ciertos ojos o desde cierta perspectiva, el gato está— por lo
cual, apoyándome en Marx y a la vez enmendándole la plana, creo que,
tras el desvanecimiento del sólido concepto de *escritura femenina* en
el "aire" de sus propias contradicciones epistemológicas, ese mismo

aire puede volver a solidificarse —claro que en el sentido leve, veloz y etéreo que Ítalo Calvino le concedería a la palabra "sólido"— en algunas nociones o ideas que nos permitan recuperar el cuerpo impalpable de nuestro gato de Cheshire.

Quizá este origen eminentemente *literario* del interés por aportar algunas nociones a la espinosa cuestión de qué pasa con las mujeres a la hora de escribir sea otro de los resguardos contra las trampas de la teorización. Porque cada vez que el impulso propio de las ideas puras me llevaba hacia el sustancialismo disfrazado o la parálisis del pensamiento a fuerza de disolución, los textos, los queridos y leídos textos de las mujeres que cité —y otras que no cité— me traían a su concreta e innegable presencia. O eso quiero creer...

El engañoso encanto de lo Uno

> Con el número dos nace la pena.
> LEOPOLDO MARECHAL

Dado que, como inteligentemente lo señaló Roland Barthes, por algún lado hay que empezar, voy a partir, en mi impugnación del concepto de *escritura femenina* tal como lo han planteado Hélène Cixous y Luce Irigaray *(parler femme)* —pues según lo he dicho, advierto en él una serie de imperdonables contradicciones epistemológicas—, por algo que en apariencia no es tan importante, pero que sin embargo denota de entrada la presencia de un elemento contradictorio en su propia enunciación: su carácter singular.

El Uno, como bien lo han señalado los críticos de la tradición metafísica occidental, más allá de la antinomia ontológica básica entre lo Uno —divinidad, sustancia, completud— y lo múltiple —realidad fenoménica, accidente, incompletud—, apunta a la categoría de lo universal, es decir, a la operación lógica que consiste en anular las diferencias entre los elementos —sean singularidades, individuos u objetos— con el fin de pensarlos como grupo conceptualmente universalizable a partir de sus identidades, es decir, a partir de una lógica de la identidad en el concepto y de la oposición en la determinación. Lo cual equivale a decir, en palabras de Deleuze, un pensamiento *representativo*, al cual este autor caracteriza, además de por esos dos rasgos, por operar a partir de la analogía en el juicio y la semejanza en el objeto.[7] En tal sentido, y siguiendo con el razonamiento deleuziano:

> Lo uno y lo múltiple son conceptos del entendimiento que forman mallas en exceso laxas de una dialéctica desnaturalizada, que procede por oposición. Los más gruesos peces pasan a su través. [...] El verdadero sustantivo, la sustancia misma, es la "multiplicidad", que hace inútil lo uno, no menos que lo múltiple. [...] Que lo uno sea una multiplicidad (como a este respecto, de nuevo, han mostrado Husserl y Bergson), basta de por sí para hacer que se den la espalda proposiciones adjetivales del tipo de lo uno-múltiple y lo multiple-uno.[8]

Entonces, la utilización del singular aplicado a los conjuntos de elementos obedece a una operación de pensamiento que, ante la multiplicidad, abstrae de ella aquello categorizable como mismo, idéntico —o por lo menos similar— con el fin de dominarlo en tanto que pluralidad de diferencias.

Visto desde esta perspectiva, hablar de *escritura femenina* entrañaría, *ab initio,* una recaída en esa forma de pensamiento universalista, sustancialista, clasificatoria y antidiferencial, *representativa*, en suma, en tanto se permite proceder a la anulación de las diferencias entre las diversas modalidades de escritura de las mujeres —determinadas por factores temporales, espaciales, culturales, individuales, etc.—, para abstraer un conjunto de rasgos que "universalmente" definirían su relación con la escritura y su práctica de ella. Y esto, en el caso de la teorización feminista, reviste el carácter de doble contradicción, pues implica, además de plegarse a la misma lógica que se pretende desmontar —por medio de la utilización de sus categorías—, hacerse cómplice tan luego del instrumento del cual se valió la sociedad patriarcal para ejercer su opresión sobre las mujeres. Pues, en efecto, como bien lo ha señalado Celia Amorós, el universo cultural burgués e ilustrado que inventa el espacio de la subjetividad bajo la legalidad común de la razón, al par que entiende a ésta como sustancia de esa subjetividad y por lo tanto idéntica para todos los hombres, a la hora de conceptualizar a la mujer permite la irrupción de viejas dicotomías en el universo formal de la igualdad, básicamente la

---

7.   G. Deleuze, *Diferencia y repetición*, p. 233.

8.   Ídem, p. 300.

oposición naturaleza/cultura, que legalizan su opresión de la mujer al asociarla con la naturaleza y entender a esta última como aquello que la cultura debe transformar y domesticar.[9]

Por ello, la primera corrección —la cual puede parecer superficial, en tanto hipotéticamente no afectaría la estructura semántica de la idea— que me gustaría introducir en la noción de *escritura femenina* es que habláramos, en razón de lo antes explicado, de *escrituras*, abriendo la dimensión de la multiplicidad y la diferencia en su propia enunciación. Ello, asimismo, implicaría negarle la categoría específica de "concepto", para así disociarla del marco del pensamiento representativo al que ya me he referido según el análisis que Deleuze hace de él.

La reformulación del segundo miembro de esa enunciación, "femenina", me llevará a considerar aspectos más medulares, pues tiene que ver con la vinculación que, personalmente, encuentro entre la práctica de la escritura por parte de muchas mujeres y su relación con la subjetividad, el cuerpo y el "género", por oposición con el sexo.

—¿Falo estás?
—Me estoy comiendo a Caperucita

> Además, ¿alguna vez ha habido un poder fálico? Toda esa historia de dominación patriarcal, de falocracia, de privilegio inmemorial de lo masculino, quizá *no es sino una historia inverosímil*.
>
> JEAN BAUDRILLARD

Cuando, siguiendo a Toril Moi y Rosa María Rodríguez Magda, revisamos críticamente la estructura semántica del concepto de *escritura femenina* que plantea Cixous,[10] advertimos el deslizamiento que realiza la autora desde un planteo a la vez de base derrideana y crítico respecto del psicoanálisis —por lo tanto antisustancialista y empeña-

---

9.   Cfr. Celia Amorós, *Hacia una crítica de la razón patriarcal*, Barcelona, Anthropos, 1991, 2ª ed., pp. 29-30.

10.   Fundamentalmente en *La Jeune Née*, París, UGE, Coll. 10/18, 1975, y *La Venue à l'écriture*, París, UGE, Coll. 10/18, 1977.

do en desmontar el juego de las oposiciones binarias y la lógica logocéntrica—, en el cual se dejan de lado las restricciones biologistas —la superación del empirismo sexista a la hora de evaluar la expresión de la sexualidad y el deseo en el texto literario, así como el planteamiento de la bisexualidad asumida en la escritura—, a una concepción místico-mitológica de la escritura como "esencia" de la mujer, anclada en una concepción de lo imaginario que, más allá de su heterogeneidad y multiplicidad, cae en el sustancialismo, el normativismo y el universalismo: la mujer, por ser mujer, está en relación con la *jouissance* materna y escribe con ciertas marcas específicas y no otras... Y así resulta que, si la seguimos, caemos en el otro lado de la trampa pues terminamos asumiendo alegremente la imagen de la mujer como ser intuitivo, irracional, sensitivo y natural que el pensamiento patriarcal nos impuso durante siglos.[11]

Algo similar ocurre con Luce Irigaray y su concepto de *parler femme*[12] el cual, partiendo de la voluntad de pensar a la mujer fuera de las trampas del logos falocéntrico y de la división patriarcal de los sexos, termina en una exaltación mística y sustancialista de la mujer y su escritura.

¿Quiere decir eso, entonces, que es preciso renunciar a la base derrideano-psicoanalítica que sustenta —más allá de las críticas que Irigaray le dedica, con relativo acierto, a Freud y Lacan—[13] sus respectivas teorizaciones? En absoluto, pues contra la opinión de ciertas feministas, sobre todo anglosajonas —del estilo de Annette Kolodny—, que consideran el psicoanálisis un pensamiento opresivo para la mujer, personalmente coincido con Ana María Fernández en que la inauguración de un nuevo campo de saber —el del inconsciente— por parte de Freud, si bien tiene aspectos criticables en tanto se

---

11.   Para críticas detalladas de este concepto y el siguiente, véase el libro citado de Toril Moi y el artículo "El feminismo francés de la diferencia" de Rosa María Rodríguez Magda en el volumen *Historia de la teoría feminista* coordinado por Celia Amorós, ya citado.

12.   Desarrollado en *Ese sexo que no es uno*, Madrid, Saltés, 1982.

13.   Aquí no me detengo a revisar la crítica de Irigaray, ya puesta en cuestión por Emilce Dio-Bleichmar en su interesante artículo "Los pies de la ley en el deseo femenino", en Ana María Fernández (comp.), *Las mujeres en la imaginación colectiva. Una historia de discriminación y resistencia* (Buenos Aires, Paidós, 1993 [1ª reimp.], pp. 136-146), pues daría para otro artículo específico.

sigue manejando con una lógica de lo mismo a la hora de plantear la diferencia de los sexos, es fundamentalmente un intento por pensar de otra manera, pensar lo otro.[14]

En tal sentido, aceptar críticamente la perspectiva psicoanalítica implica, desde mi punto de vista, tanto reformular aquellos presupuestos patriarcales presentes en Freud y en Lacan respecto de la diferencia de los sexos a partir de la consideración del falo como solo estructurante posible de la subjetividad, en el sentido de que la *única* subjetividad viable sería aquella regida por el orden simbólico, lo cual, al remitir a la mujer a la condición de *no-toda*, en términos lacanianos, o a la de *varón en menos*, en términos freudianos, la fuerza a entrar en la lógica fálica masculinizándose por la vía del artificio, de la mascarada de la feminidad que implica parecer lo que no se es o tener lo que no se tiene...[15]

Para ello me valdré, por un lado, de conceptos tomados de Julia Kristeva, Gilles Deleuze y Ana María Fernández y, por el otro, de la incorporación, antes aludida, de una perspectiva genealógica que indague —siguiendo los desarrollos de la genealogía foucaultiana del sujeto específicamente vinculados con la subjetividad femenina que hace Rodríguez Magda— la concreta vinculación entre escritura y cuerpo en la práctica femenina.

Pero vayamos por partes.

En principio, tal vez algún(a) lector(a) pegue un respingo ante mi recurso a los aportes teóricos de Julia Kristeva para un intento de teorización feminista sobre las relaciones de las mujeres con la escritura, a causa de la abierta postura antifeminista de la autora —que tal vez en ninguna parte esté tan manifiesta como en la famosa afirmación donde dice: "Creer que «se es mujer» es casi tan absurdo y tan oscurantista como creer que «se es hombre»... Entiendo por «mujer» lo que no se representa, lo que no se dice, lo que queda fuera de las nominaciones y las ideologías"—,[16] pero justamente su antifeminismo le permite no caer en las trampas esencialistas donde tropiezan autoras como Cixous, Irigaray o —en un sentido todavía peor—

---

14. Cfr. ídem, p. 107.

15. Ídem, p. 140.

16. En "La femme, ce n'est jamais ça", en *Polylogue*, París, Seuil-Tel Quel, 1977, p. 519. (Todas las traducciones de textos en francés son mías.)

muchas feministas anglosajonas. Por ello, muchos de sus conceptos, si se articulan con los aportes de la teoría del género y la perspectiva genealógica, resultan, al menos para mí, sumamente valiosos.

Ante todo, y en relación con la crítica al psicoanálisis que señalé antes —cuando revisamos las reflexiones de Kristeva respecto de la escritura poética y sus relaciones con la desestructuración de la subjetividad simbólica—, advertimos que sus conceptos de *xorá semiótica*[17] y de *abyecto materno*[18] permiten, por un lado, entrever la posibilidad de una estructuración diferente de la subjetividad —ese *sujeto cerológico*[19] que emerge en la práctica poética— y, por otro, romper con la división de los sexos de corte patriarcal presente en sus antecesores del campo psicoanalítico.

Ya en *La Révolution du langage poétique*, la autora, al referirse a la *xorá semiótica*, había asociado esta instancia con lo materno, oponiéndola a lo simbólico, vinculado con la función fálica y la encrucijada de la metáfora paterna que hace advenir al sujeto.

Pero a partir de "La maternité selon Giovanni Bellini" —en *Polylogue*—[20] y luego en profundidad en *Poderes de la perversión* va a delimitar ese espacio prelingüístico y preverbal, ese flujo pulsional, como específicamente *materno*. (Y digo con toda claridad *materno* y no femenino pues el deslizamiento entre ambas denominaciones será el punto de fricción y desencuentro con ciertas corrientes del feminismo.)

Al respecto, quizá *Poderes de la perversión* sea el libro fundamental pues, a partir de un recorrido por las diversas religiones —de las totémicas y sacrificiales al paganismo, el judaísmo y el cristianismo— y asociando la *xorá* con la inmundicia, la suciedad, lo impuro, es decir, *lo abyecto*, reglamentado por ellas, detecta una falencia capital en el análisis del asesinato y el incesto realizado por Freud en *Tótem y tabú*.

Y al detectarla la completa, discerniendo la represión de lo materno —entendido como ese vacío horrendo asociado con la frontera entre interior y exterior del cuerpo, previo a toda discriminación o

---

17. Desarrollado sobre todo en *La Révolution du langage poétique*, París, Seuil-Tel Quel, 1974, y "La *chora* sémiotique: ordonnancement des pulsions", pp. 22 a 30, *passim*.

18. Desarrollado en *Poderes de la perversión*, Buenos Aires, Catálogos, 1988.

19. "Poésie et negativité", en *Semeiotiqué. Recherches pour une sémanalyse*, París, Seuil, Coll. Points, 1969.

20. Ob. cit., pp. 409-435.

división sexual— en las religiones, las sociedades, las subjetividades y el lenguaje falocéntricos.

Asimismo, el ahondamiento en ese lugar que el orden simbólico fálico reprime para sostener el principio de división, binarismo, orden y univocidad que rige desde la lógica hasta el lenguaje comunicativo, la división de los sexos y la opresión de la mujer la lleva a afirmar que el lugar propio de ese *abyecto materno* es el arte como escritura, así como a asociarlo con la belleza.

Al resultar de tal manera vinculados *abyecto / escritura* y *abyecto / belleza*, queda claro que el espacio propio de lo *abyecto materno* como transgresión y negación de la subjetividad fálico-lingüística y sus consecuencias es, como señalé antes, el arte —o más precisamente *la escritura*—, que queda planteado como puerta hacia el goce, la *jouissance* materna, pues nos pone en contacto con esa belleza, que, en tanto que exceso del amor, se tiende como velo que oculta-revela el vacío y la muerte.

Es decir que, si unimos este concepto de *materno abyecto* con el de *xorá semiótica* podríamos sintetizar la concepción kristeviana del arte como escritura —que ancla simultáneamente en lo psicoanalítico, lo lingüístico, lo antropológico y lo social— diciendo que para la autora el arte surge de la transgresión que la vuelta hacia lo materno-pulsional, donde vacío y muerte reinan, instaura en la lógica divisoria y ordenancista de las construcciones simbólicas, fálicas por definición y opuestas al goce.

Esta afirmación, por un lado, reafirma lo esbozado en sus artículos de *Semeiotiqué. Recherches pour une sémanalyse* respecto de la existencia de otra posible forma del sujeto más allá de lo fálico y como transgresión de éste —ya no, como en Lacan, la afirmación esencialista de que el sujeto, ahora y siempre, deviene única y exclusivamente por el lenguaje entendido como orden simbólico fálico—, el cual, tal como el sujeto fálico se constituyó a partir de un proceso histórico, se comenzaría a constituir históricamente a partir de la crisis del siglo XIX que hizo estallar las estructuras de la familia, el Estado y la religión que lo sustentaban.[21] Sujeto éste al que en su artículo "Le Sujet en procés"[22] la

21.　Esta historización de la subjetividad afálica está admirablemente sintetizada en su artículo "Práctica significante y modo de producción", en Julia Kristeva *et al.*, *Travesía de los signos*, Buenos Aires, La Aurora, 1985.

22.　En *Polylogue*, ob. cit., pp. 55-106, pero sobre todo pp. 61-79.

autora denomina precisamente "sujeto-en-proceso". Por otro lado, al hacer de lo *materno* el *locus* de emergencia de dicho sujeto, concebido aquél como un lugar previo a la división de los sexos —que por lo tanto reúne masculino y femenino por ser anterior y ajeno a su discriminación— y que opera como espacio de un vacío, una falta radical, denuncia el carácter ilusorio, cultural y genérico de la oposición femenino/masculino.

Pero, por desgracia, esto no lo comprendieron las feministas esencialistas, quienes asimilaron la reivindicación kristeviana de lo *materno abyecto* —reprimido tanto como las mujeres mismas por las construcciones falocéntricas— con lo femenino, atribuyéndole a Kristeva una afirmación tan ajena a su elaboración teórica como que la creación es femenina o, más bien, que el mero hecho de ser mujer implica la práctica privilegiada de esa escritura transgresora del orden patriarcal.

Al respecto, ya he citado la afirmación de la autora acerca de la negatividad no esencializadora desde la cual entiende tanto el concepto de hombre como de mujer, al que se le podría agregar la que lanza en "La femme, ce n'est jamais ça": "La mujer no puede *ser*: es inclusive eso que no entra en el *ser*"[23] (perfectamente coherente por otra parte con su pensamiento de base lacaniana pero transgresor respecto de él, como lo revela su concepción del sujeto-en-proceso). Si alguna definición de lo femenino nos da Kristeva es "aquello que margina el orden simbólico", y si por algo su pensamiento fue significativo para la causa feminista fue porque, como decía antes, al insistir en que la feminidad es una creación machista, les permitió a las feministas que supieron escucharla resistir los ataques biologistas de los defensores del patriarcado.

Porque definir a las mujeres como necesariamente femeninas y a los hombres como necesariamente masculinos permite a los poderes falocéntricos marginar no sólo la feminidad sino a todas las mujeres en el orden simbólico y en la sociedad. En este punto, Kristeva, sin inscribirse directamente en la reflexión sobre el género como construcción social, planteada fundamentalmente en el ámbito anglosajón, la suscribe de manera implícita. En efecto, si consideramos la definición que Mabel Burín ofrece de él: "... género es una red de creencias, rasgos de personalidad, actitudes, sentimientos, valores, conductas y actitu-

---

23.   Ídem, p. 519.

des que diferencian a mujeres y varones. Tal diferenciación es producto de un largo proceso histórico de construcción social, que no sólo genera diferencias entre los géneros masculino y femenino, sino que, a la vez, esas diferencias implican desigualdades y jerarquías entre ambos",[24] advertimos la coincidencia.

De ahí, asimismo, su rechazo de los conceptos de Cixous e Irigaray de *escritura femenina* y *parler femme*, pues su insistencia en la "marginalidad" permite ver la represión de la mujer desde el punto de vista de un posicionamiento, no de una esencia.

Esta visión posicional de la mujer se completa y se amplía, desde mi punto de vista, en su bellísimo artículo "Stabat Mater" de *Histoires d'amour*,[25] donde se sumerge de lleno en la contradicción que entraña ser mujer, en su condición —son sus palabras— de "catástrofe-del-ser", entendido el ser como unidad subjetiva homogénea.

Para hacerlo, analiza cómo, a partir de la refinadísima y consoladora imagen de la Virgen —madre, hija y esposa de su hijo, Reina y Mater dolorosa, madre virginal concebida sin pecado y libre de la muerte—, el cristianismo realizó una absorción de lo femenino en el mito de lo materno-virginal, figura ésta de singular poder consolador para una especie como la nuestra, condenada a morir, pero que, a la vez, impide que la mujer acceda a su complejidad de ser compartido, heterogéneo.

Esta doble valencia de la figura de la Virgen —consolación/ocultamiento— se percibe en el estallido de ese mito con el feminismo —que Kristeva sagazmente vincula con la tradición protestante, ajena al culto mariano—, estallido éste que, al par que ha dejado a las mujeres expuestas a las manipulaciones más dudosas o a un enceguecimiento militante, ha impedido analizar en qué responde el papel materno a las latencias biosimbólicas de la maternidad.

Intentando atravesar a la vez el velo consolador del mito de la madre virginal y la guerra desatada entre los sexos a partir de su caída, Kristeva —en una interesante torsión de la eticidad hegeliana atribuida a la mujer en su análisis de la figura de Antígona—[26]

24. Mabel Burín, "Género y psicoanálisis: subjetividades femeninas vulnerables", en *Actualidad Psicológica*, XIX, 20, Buenos Aires, junio de 1994, p. 2.

25. París, Denoël, Folio Essais, 1983, pp. 295-327.

26. A este respecto, es de especial interés consultar el libro de Celia Amorós, *Hacia una crítica de la razón patriarcal*, pp. 40-47.

propone la necesidad de una ética contemporánea que responda a esa maternidad, la cual, después de la Virgen, se ha quedado sin discurso y a la que, en un primer momento, el feminismo rechazó por la distorsión opresiva que de tal función hizo la sociedad patriarcal y que luego adoptó en una vuelta de tuerca esencialista y misticista, la cual en el fondo —como es el caso de feminismo culturalista anglosajón—[27] siniestramente le hace el juego al patriarcado.

Pero la ética que convoca Kristeva es, en sus propias palabras, una ética de la modernidad la cual, por lo tanto, no se confunde con la moral, es decir que se trata de una ética "herética". "Herética del amor" que ha de proponerse como tarea la reformulación de las representaciones del amor y del odio heredadas por nuestro tiempo, para que incluyan, entre otros aspectos ocultos, el cuerpo a cuerpo entre madre e hija.

La producción teórica anterior de Kristeva abría la puerta, en primer término, para una concepción historizada del sujeto desde el propio psicoanálisis —de un antilacanianismo del que tal vez ni siquiera la propia autora sea consciente— y, por lo tanto, para entenderlo más allá de las ilusiones genéricas proyectadas por la sociedad —masculino/femenino— y enquistadas en la teoría psico-analítica.[28] En segundo término, permitía concebir la práctica litera-ria como lugar privilegiado de construcción de esa nueva subjetividad afálica. Pero el último artículo en el que me he detenido, así como su concepción posicional de la mujer, permiten pensar específicamente esta última —desde la función biosimbólica de la maternidad— como lugar privilegiado de manifestación de la heterogeneidad y, por lo tanto, catástrofe-del-ser, entendido éste, según lo he dicho, como unidad subjetiva.

Si articulamos ambos aportes con lo que he señalado hasta ahora, a partir de los conceptos de Kristeva —y tal vez más allá de lo que ella misma se propuso decir— resultaría que, sin caer en esencialismos, se puede afirmar que, tanto para los hombres como para las mujeres —según la división de los sexos genéricamente

---

27. Tendencia analizada en sus contradicciones y su reglamentarismo sofocante en el artículo de Raquel Osborne, "Sobre la ideología del feminismo cultural", en C. Amorós (coord.), *Historia de la teoría feminista*, pp. 311-337.

28. Como lo ha demostrado ampliamente Ana María Fernández en el capítulo "Una diferencia muy particular: la mujer en el psicoanálisis", en ob. cit., pp. 95-107.

impuesta por las ilusiones simétrico-jerárquicas de la sociedad patriarcal—la escritura es, en la actualidad y desde hace un siglo, una práctica privilegiada para construir o hacer que emerja una subjetividad —denominada así por falta de otro término— afálica que hace estallar el orden simbólico regido por la lógica de lo mismo. En tal sentido, la *escritura*, entendida como práctica significante, sería *afálica y de la diferencia*, tanto para "hombres" como para "mujeres".

Pero, además, por la historia genérica que ha convertido a las mujeres en aquello que, al igual que lo materno, el orden simbólico siempre ha marginado, y por el carácter radicalmente *heterogéneo* y *de catástrofe-del-ser* de la mujer, en razón de la función biosimbólica de la maternidad, creo que podemos decir que la escritura, para muchas mujeres —no todas, nunca es "todas", no sólo porque no toda literatura es *escritura* en el sentido de práctica significante, sino porque, según veremos, si no media la conciencia genérica y la asunción del biosimbolismo materno, la escritura puede engendrar una subjetividad plural, en proceso, afálica, pero sin producir por ello el estallido del *bios*—, por ser ese *lugar* de encuentro con una subjetividad heterogénea y plural, en proceso, y por estar ellas asociadas a una historia de opresión genérica, adquiere un matiz de reivindicación, y en tal sentido *políticamente pautado*, en tanto que en ella no sólo estalla lo simbólico —como en el caso de los hombres, también sometidos a la investidura social de las ilusiones jerárquicas de lo genérico— sino que estallan tanto *bios* —en su carácter de cuerpo genéricamente pautado— como "símbolo".

Esta consecuencia teórica vendría a dar una primera respuesta a esa experiencia de lectura, a la que aludí en el prólogo y en el comienzo de este artículo, de una presencia particularmente notoria en muchos textos literarios de mujeres —de hoy y de antes— del cuerpo y de la subjetividad. Ahora bien, ¿qué cuerpo y qué subjetividad? Para eso, tengo que tomar otros caminos teóricos. Sin embargo, como decía Marguerite Yourcenar al final de *Mémoires d'Hadrian*, *"...un instant encore, regardons ensemble les rives familières...".*

"Les rives familières" sería afirmar —tanto como en el apartado anterior impugné la singularidad de la formulación de Cixous e implícitamente la de Irigaray— que las "escrituras" de mujeres donde aparece esa manera peculiar de hacer hablar al silencio, poner en duda y al mismo tiempo buscar el perfil de una subjetividad en la escritura, remitir la letra al cuerpo y completarlo a él con ella,

apoyarse en ese referente por antonomasia que parecería ser el cuento de hadas y simultáneamente negarlo, transgredir en un mismo sentido —o con una orientación similar— las reglas del género literario impuestas por los hombres, son *escrituras afálicas o de la diferencia*.

Dejemos entonces *"les rives familières"* que recorrimos bajo la advocación de Caperucita y el falo para iniciar nuestro periplo sobre las curvas del cuerpo femenino. Antes, sin embargo, quisiera hacer un breve paseo por el "buen matrimonio" de las mujeres con la literatura, puesto que nos permitirá incorporar un instrumento cartográfico más para nuestra exploración.

Paseo:
mujeres y literatura, un buen matrimonio

> ¿Qué es poesía?, dices mientras clavas
> en mi pupila tu pupila azul;
> ¡Qué es poesía! ¿Y tú me lo preguntas?
> *Poesía... eres tú.*
>
> GUSTAVO ADOLFO BÉCQUER

Como lo vimos en el apartado —¿o incluido?— anterior, a la escritura como lugar privilegiado para la construcción de una subjetividad afálica llegamos de la mano de Kristeva. Una mano sin duda útil, pero no suficiente —¡ah, Aristóteles y sus razones!—, pues establece idéntica posibilidad de acceso a ella para hombres y mujeres —y yo diría que más todavía para los hombres, en tanto que los ejemplos en los cuales se detiene, de Lautréamont a Mallarmé, Céline, Joyce, Artaud, son masculinos—, y personalmente creo que es preciso preguntarse si, desde una consideración genealógica, no resultaría que entre la literatura y la mujer hay una especie de "matrimonio secreto" que parece remontarse a muchos, muchos años atrás. O, para quitarle sus connotaciones eróticas al tema y ponernos más a tono con el ritmo de los tiempos, digamos que me propongo actuar como auditor de empresa para averiguar los motivos de esa especie de *joint venture* entre literatura y mujer, de cuya celebración sus miembros no recuerdan ni fecha, ni circunstancias, ni razón.

En el imaginario patriarcal, las mujeres somos serviciales y prolijas. Ocurre que, como además somos obedientes, quien nos va a hacer el servicio de orientarnos en esta auditoría de sociedades anónimas es por cierto una mujer: Rosa María Rodríguez Magda, quien en el capítulo V "Una genealogía de la mujer como objeto/sujeto de deseo" de su libro *Femenino fin de siglo. La seducción de la diferencia*[29] precisamente se ocupa, en una apropiación feminista de los postulados de Foucault, de la emergencia de "la mujer" como sujeto deseante/objeto de deseo. En sus inteligentes y lúcidas reflexiones podemos advertir que, en efecto, en el caso de la mujer, resulta posible descubrir históricamente un motivo más para esa relación privilegiada con la escritura literaria —personalmente asumida o no— como lugar de construcción de una subjetividad.

En el capítulo correspondiente a la emergencia de la mujer —porque, como bien lo sabemos, hombres y mujeres concretos siempre ha habido, pero sus respectivos caracteres de sujeto/objeto son construcciones sociohistóricas—, la teórica española plantea que ésta aparece en el medioevo y en relación directa con la lírica trovadoresca, en el sentido de que en los poemas de esa tradición la mujer comienza a despegarse "de una visión nutricia, natural o mistérica, surgiendo como sujeto de deseo y autoconciencia",[30] no por cierto de acción, pero sí, al menos, como *pensable*.

Sin entrar en las interesantísimas consideraciones de la autora sobre la "forma" que adopta tal construcción como sujeto deseante y objeto de deseo, quisiera plantear la hipótesis de que el hecho de que se dé en vinculación directa con el amor y la relación erótica *literariamente* plasmados nos permitiría pensar, desde otra perspectiva que la exclusivamente psicoanalítica, la importancia de *lo literario* —por ahora al margen de que sea personalmente asumido como creación— como factor de construcción subjetiva.

Al respecto, y como punto de comparación, señalo que mientras, como lo plantea Foucault en *El uso de los placeres*,[31] la construcción de la subjetividad masculina está desde la antigüedad asociada con la filosofía, los tratados de moral, dietética, erótica, etc., en el caso de la mujer es en concreto *lo literario* el medio de su construcción. Pues, como

---

29.   Ob. cit., pp. 79-160.

30.   Ídem, p. 79.

31.   México, Siglo XXI, 1986.

dice Rodríguez Magda, en la lírica trovadoresca "la mujer habla a través del discurso del otro (del hombre)", merced a lo cual se iría construyendo, al margen de la consolidación del poder feudal y de una utopía que concibe un mundo construido sobre la base de la fidelidad, el respeto, la arrogancia, el lujo y la afectividad, "el proyecto de una soberanía femenina en un terreno exclusivo en que su voluntad se tornaría ley, configurando un entorno amoroso propicio y propio, un mundo de exquisita deferencia, un reducto de protagonismo independiente".[32] Y ese reducto femenino exclusivo al que se alude es, precisamente, el de las artes —ante todo, la literatura y la poesía—, centradas en temas amorosos.

(Excurso 2: aquí habría que hablar del amor y las relaciones eróticas como tema "tradicional" tanto de las lecturas de mujeres —recordemos, como simple botón de muestra, el baldón con el que durante largos siglos tuvo que cargar la novela como género, a la que casi hasta el siglo XX y merced a la teoría renovadora de Mijaíl Bajtín, se la consideraba, por sus orígenes, literatura para esos seres "de cabellos largos e ideas cortas" [Schopenhauer *dixit*]—, como de la escritura de mujeres, de la *Princesa de Clèves* a las novelitas de Corín Tellado.)

Alianza originaria —en el sentido de condición de emergencia y lugar de pertenencia—, entonces, entre la literatura y la construcción de la subjetividad de la mujer pero, ¿significa ella, acaso, que la propia práctica literaria *asumida como creación* adquiera un valor especial para muchas mujeres? (No todas, no todas, vuelvo a repetir, sólo que con un sentido muy diferente del de Lacan, gracias a un guión de menos y una "s" de más.) Porque, como bien lo ha dicho Rodríguez Magda, en principio en la lírica trovadoresca —al margen de la existencia de algunas mujeres escritoras— "la mujer habla a partir del discurso del otro". Desde esta sola perspectiva parecería que no, pero en rigor desde mi punto de vista parecería que sí, siempre que nos aventuremos por las prometidas curvas del cuerpo femenino y conectemos la importancia de la presencia del cuerpo en muchos textos escritos por mujeres con el valor que la creación adquiere para ellas, avanzando con las nociones que han planteado otras mujeres a través de la puerta abierta por las reflexiones de Kristeva.

---

32.   R.M. Rodríguez Magda, ob. cit., p. 113.

Las curvas del cuerpo femenino

> Aquellos hombres que eran cobardes y habían vivido mal se transformaron, al parecer, en hembras, *en el momento de su segundo nacimiento.*
>
> PLATÓN

Si a la asociación entre mujeres y escritura entramos, como lo hemos visto, de la mano de Kristeva, también gracias a ella la problemática del cuerpo femenino —que señalé al comienzo como uno de esos rasgos que le dan un inquietante aire "de familia" a numerosos textos literarios escritos por mujeres de antes y de hoy— apareció teóricamente perfilada, al señalar la autora el carácter de *catástrofe-del-ser* de la mujer a partir del biosimbolismo de la maternidad. Un perfilamiento teórico que, además, traía de la otra mano la problemática de la subjetividad, pues ese cuerpo genérica y patriarcalmente delineado como *lugar* de la mujer —recordemos la bella y peligrosa definición de Hegel, cuando reflexiona sobre Antígona, sobre el carácter "ético" de la mujer en su condición de instancia intermedia entre naturaleza y cultura, cuerpo y palabra— era precisamente el "lastre" o "peso" que, para ese machista de Lacan —perdón, lacanianos— nos convertía a todas en "no-todas" y "fuera-de-la-ley" de la palabra, capaces de experimentar un goce no fálico, el cual, por ende, no-se-puede-decir. Como lo enuncia tan suelto de cuerpo y omnisciente en el Seminario XX: "Hay un goce de ella, de esa ella que no existe y nada significa. Hay un goce suyo del cual quizá nada sabe ella misma, a no ser que lo siente: eso sí lo sabe".[33] ¡Caramba!

Sin embargo, al margen del fastidio que pueda darnos el carácter peyorativo y falocéntrico de la formulación de Lacan respecto de la mujer, me parece imprescindible, antes de proceder a su tratamiento, centrarnos específicamente en el cuerpo, interrogándonos acerca del porqué de su importancia en tantos textos de mujeres.

Anne Juranville, en su hermoso libro *La mujer y la melancolía*[34] —el cual si bien tiene una base lacaniana fundamental va más allá de

---

33. Jacques Lacan, *El seminario de Jacques Lacan. Libro 20. Aun 1972-1973*, Buenos Aires, Paidós, 1991, 1ª reimp., p. 90.

34. Buenos Aires, Nueva Visión, 1994.

lo exclusivamente psicoanalítico—, aporta una serie de nociones teóricas muy valiosas que, articuladas con otros conceptos y perspectivas, puede servirnos para empezar a colgar en algo nuestra sonrisa errante del gato de Cheshire.

Si, como dice la autora, para todo artista —sea hombre o mujer— la obra de arte nace de la urgencia vital de hacer manifiesta la presencia material secreta de lo sagrado en el mundo[35] y se actualiza en un peligroso combate en el que se enfrentan la melancolía y el triunfo sobre ella, para la mujer, asimismo, acarrea una peculiar apuesta del cuerpo.

Partiendo de la idea de Lacan de que, si bien para las mujeres la castración implica una singular fuente de fragilidad, pues pone en juego la totalidad de su cuerpo —el cual en consecuencia se convierte en *el* objeto perdido—, la autora señala que esta fragilidad tiene como reverso positivo un compromiso de entrada en lo simbólico, donde las mujeres se ven precipitadas en un narcisismo reparador y afirmador que tiene valor de estructura.[36] Porque para la mujer (o, mejor, las mujeres) existir es entrar en lo imaginario positivo de la apariencia mediante la identificación simbólica con la "bella mirada" de su madre, que constituye su primer espejo, no ya bajo la especie de lo monstruoso, el vacío o la muerte, sino bajo la especie de la belleza.[37] Así, ya en virtud de los rasgos peculiares de esa primera entrada en lo imaginario, para Juranville la mujer queda asociada con un "arte de la escritura", pues devuelve imágenes que tienen la vocación de ser *trabajadas*. Trabajo éste consistente en la construcción de una superficie —la superficie corporal castrada— como apariencia, a partir de vestimentas, adornos, maquillajes, mascaradas; en resumen, gestos de escritura de la que el cuerpo es soporte.[38]

Es decir que, desde esta perspectiva, el cuerpo femenino *per se* está consagrado a trascender su estatuto de simple "objeto del mundo" para tender hacia la obra de arte: en tal sentido, el juego de la mascarada es, según su expresión, palabra poética, deseo, apertura al otro y al mundo.

Si, de acuerdo con esta línea argumentativa, el arte puede

---

35.   Ídem, p. 48.

36.   Ídem, pp. 175-176.

37.   Ídem, p. 77.

38.   Ídem, p. 183.

entenderse como un conjunto de simbolizaciones de las cuales el advenimiento del cuerpo femenino es la primerísima manifestación,[39] por necesidad el arte, para las mujeres, seguiría manteniendo el cuerpo como soporte básico. Más aún —y confirmando desde otra perspectiva que la adoptada por Rodríguez Magda y que me permitió hablar del "buen matrimonio" entre literatura y mujer— el cuerpo femenino se revelaría como soporte privilegiado de la escritura: "Recorte de la letra que engendra un «litoral», el cuerpo femenino se hace también a sí mismo «literatura»".[40]

Concepción singularmente atractiva y bella, sin duda, pero que sigue siendo tributaria —en el punto no problematizado del universalismo fálico para la constitución del sujeto— de un pensamiento patriarcal. Pues, aspecto que no toma en consideración la autora, la vía del artificio o de la mascarada de la feminidad es, como lo señala con claridad la teoría freudiana primero y la lacaniana después, una consecuencia de la entrada de la mujer en la lógica fálica y una forma de masculinización, pues implica parecer lo que no se es o tener lo que no se tiene, como lo he señalado antes.

Desde mi punto de vista, la manera de recuperar críticamente esta concepción psicoanalítica no problematizada relativa a la función de soporte que puede tener el cuerpo femenino para la escritura es articulándola, por un lado, con las reflexiones aportadas por la perspectiva que ha ahondado en lo genérico y, por el otro, con la conciencia de las autoras respecto de formar parte de un género. En efecto, *en aquellos casos* de autoras que exhiben una *conciencia genérica* —en el sentido de sentirse parte de un género que, mucho más allá de lo individual y a partir de la pertenencia biológica a un sexo, ha sido oprimido a partir de un conjunto de atribuciones socioculturales determinantes de funciones, restricciones, actividades y destinos sociales—,[41] el hecho de que el cuerpo se manifieste como

39.   Ídem, p. 204.

40.   Ídem, p. 201.

41.   He utilizado las bastardillas para subrayar que no se trata de una generalización, sino que hay infinidad de textos de mujeres en las cuales tal conciencia genérica no aparece, lo cual no significa ni una virtud ni un defecto, de la misma manera que la existencia de muchísimos autores hombres en los cuales no se registra el principio de estallido de lo simbólico que genera la emergencia de esa subjetividad afálica de la que nos habla Kristeva no quiere decir que sean mejores o peores escritores que aquellos

soporte de la escritura tiene el sentido de *visibilización*, *libidinización* e *imaginarización de sus zonas, funciones y heterogeneidades negadas por la sociedad patriarcal.*[42]

Al poner en relación de tal manera, por un lado, la reflexión psicoanalítica acerca del trabajo de la mujer sobre el propio cuerpo como forma de arte, es decir, el acto de remitir la letra al cuerpo y completarlo a él con ella —según lo afirma Juranville— y, por el otro, las consideraciones genéricas y la conciencia de formar parte de un género históricamente constituido como ilusión opresiva, aquello que para el psicoanálisis que no ha problematizado su sometimiento a la lógica fálica es mera "mascarada", "maquillaje", "disfraz", "veladura" masculinizante, se convierte en posibilidad de recuperación de un cuerpo heterogéneo, múltiple y *diferente* —pero con positividad— frente al cuerpo fálicamente regido que impone la mentalidad patriarcal y, por lo tanto, también en transgresión de esta última.

Desde la perspectiva que he adoptado —en la que también incluyo las reflexiones de Kristeva antes citadas sobre la relación entre escritura y estallido de *bios* y "símbolo"—, la presencia singular que tiene el cuerpo en muchas escritoras sería todo lo contrario del gesto de "disfrazarse de otro" (o "del Otro") que entraña, en el fondo, la mascarada a que se refiere el psicoanálisis en relación con las mujeres —por más que se la jerarquice, con la mejor voluntad, llamándola "palabra poética"—, en tanto se revela como medio para superar, a través del lenguaje, la invisibilidad de sus zonas más

---

en los que sí aparece. Al respecto, me interesa sobremanera que las nociones que he ido elaborando en este artículo sobre las escrituras afálicas de mujeres no se entiendan, por un lado, como una generalización ni como, por otro —peor aún—, un "deber ser" o, más precisamente, un "deber escribir". Como lo dije al comienzo, nada me ha resultado más irritante en ciertas teóricas feministas que su costado programático y normativo el cual, como consecuencia, entrañaría una especie de mandato de este tipo: "Si no escribe como yo digo, no es una mujer". Nada más lejos de mi postura y, creo, de la de toda auténtica feminista, pues ello implicaría, nuevamente y por otro lado, ocupar el lugar del opresor patriarcal imponiendo un nuevo "modelo" obligatorio y opresivo para escritoras, sólo que esta vez *ad usum feministae* en lugar de *ad usum patris*. Si justamente lo que reivindicamos es la diferencia como positividad y no como mero suplemento, defecto o negativo, debemos ser capaces de asumir aquel grito de batalla del 68: *"Vive la difference!".*

42.   Véase al respecto A.M. Fernández, ob. cit., pp. 102-105, si bien mi postura va más allá de la formulada por la autora.

propias y la in-diferencia a que la mentalidad patriarcal ha condenado al cuerpo femenino, anclando en aquello de heterogéneo, diferente y plural que tiene.

Asimismo, esta perspectiva nos permite reformular el concepto de *fragilidad* del cuerpo de la mujer en relación con la castración pues, al tomar en cuenta las consideraciones genéricas aludidas, advertimos que la delimitación de tal experiencia de fragilidad es directamente tributaria de los restos patriarcales que perviven en la concepción psicoanalítica — tanto freudiana como lacaniana— de la sexuación, y tiene que ver con esa construcción sociocultural que es el género femenino. En rigor, más que ser una experiencia *vivida* por las mujeres, es una visión de sí impuesta socialmente, una violencia simbólica ejercida sobre ella, al extender a la totalidad de su cuerpo la experiencia de la falta. Al señalar esto, creo que queda explícito en toda su magnitud el aludido poder transgresor que reviste la presencia del cuerpo en los textos de mujeres. Pero también me importa señalar, siguiendo a Emilce Dio-Bleichmar,[43] que negarse al concepto de *fragilidad* de la totalidad del cuerpo femenino en relación con la castración de ninguna manera implica plegarse al misticismo biologista de autoras como Irigaray, que terminan en una insólita concepción de la mujer sin falta, sin división.

Asimismo me parece que esta noción permite diferenciar el sentido que puede tener para hombres y mujeres el gesto de convertir el cuerpo en soporte de su escritura. Porque, como bien lo señaló Kristeva en sus brillantes análisis de Artaud[44] y Céline,[45] las escrituras afálicas, en contacto con lo *abyecto*, hacen emerger también —sólo que en otro sentido— lo corporal.

Es decir, entonces, que desde mi punto de vista la práctica literaria asumida como creación adquiere, para aquellas mujeres en las cuales la presencia del cuerpo es estructurante en su escritura, el valor de recuperación de ese cuerpo invisibilizado y fragilizado desde la lógica patriarcal. Pero también, en un sentido profundo, la construcción de esa *erótica femenina* con sentido de afirmación del derecho al goce, que Dio-Bleichmar señala en su artículo como ausencia,[46] sea de manera explícita

---

43.   Ob. cit., p. 141.

44.   Véase, sobre todo, *Sémeiotiqué. Recherches pour une sémanalyse* y *Polylogue.*

45.   Véase *Poderes de la perversión.*

46.   Ob. cit., p. 145.

—como es el caso de los textos específicamente eróticos escritos por mujeres— o implícita. Porque para gozar no sólo es preciso *tener* un cuerpo, sino poder decirlo en la verdad de su topografía deseante, más allá de las imposiciones del falo-logos que nos quiere "blancas", frágiles y castradas de la cabeza a los pies, y a quien le gustamos cuando callamos y estamos como ausentes... (¡qué dura puede ser la lucidez feminista para nuestro lirismo adolescente!).

Desde esta concepción, por fin, se puede responder a la ofensiva cita del Seminario XX de Lacan que antes traje a colación. Esa "ella" sí significa algo y sabe, no sólo que siente sino qué siente, según lo demuestran los textos de mujeres donde el cuerpo, que la palabra fálica castró e invisibilizó, se recupera como soporte privilegiado en su totalidad deseante.

—¿Caperucita estás?
Silencio. (Se está convirtiendo en otras a espaldas de la razón patriarcal)

> Me gustas cuando callas y estás como distante...
> Pablo Neruda

Creo que cuando consideré las nociones de Julia Kristeva respecto del sujeto-en-proceso y la subjetividad afálica que emergen en la escritura como práctica significante, y por lo tanto en contacto con la *xorá semiótica* y lo *abyecto materno*, quedó claro el valor de construcción e indagación subjetiva que ésta tiene. Pero, al igual que fue preciso recurrir a la teoría del género para señalar la especificidad que en esta práctica tiene la referencia al *cuerpo* en el caso de las mujeres, me parece también imprescindible hacer ciertas precisiones respecto del peculiar peso que tiene el *silencio* en ella y de la concreta inscripción genérica que revela la crisis o caída de la subjetividad unitaria y regida por lo fálico en el caso de las mujeres. Empiezo por lo segundo (por puro afán de contrariar la racionalidad).

Al margen de las afirmaciones de Kristeva sobre la crisis de la subjetividad simbólica y el surgimiento de otra en un determinado momento histórico, los más diversos pensadores actuales han señalado que la caída de la razón moderna ha tenido como consecuencia, entre otras, la puesta en cuestión de la idea de una subjetividad unitaria, regida por el principio de identidad. En tal sentido, la presencia de esta crisis en sus textos no apuntaría a ningún rasgo propio de cierto tipo de escritura de mujeres sino que estaría encuadrada en su pertenencia a la posmodernidad.

Sin embargo, cuando, siguiendo esta posible lectura, nos detenemos en el efecto que produce tal crisis en los textos escritos por hombres y aquellos escritos por mujeres, advertimos un matiz sutil —una diferencia— que *"makes the difference"*, para decirlo con la intraducible e insustituible expresión en inglés, de singular resonancia para nuestra discusión.

En los textos escritos por hombres que podemos considerar prototípicos de la representación de esa crisis subjetiva —pienso concretamente en Jorge Luis Borges, Paul Auster y el Antonio Tabucchi de los cuentos o de *Nocturno hindú*—, lo que surge a partir de ella es una experiencia de *vacío* en tanto que, más allá del planteo típico del romanticismo entre un yo y un doble —que todavía es tributario de una concepción moderna del sujeto, pues si bien apunta a una primera percepción de su ruptura, mantiene la noción de que uno de los dos (el doble) es el verdadero sujeto, tal como se puede ver desde E.T.A. Hoffmann hasta nuestro Julio Cortázar y, fundamentalmente, en la famosa y miliar afirmación de Arthur Rimbaud en sus "Cartas del vidente": "Yo es Otro"—, lo que se cuestiona es la sustancialidad misma del sujeto, por plural que sea o dividido que esté, en tanto que ninguno de esos polos de identidad contradictorios opera como anclaje u *original* —en términos psicoanalíticos freudiano-lacanianos, un inconsciente asociado con la verdad del deseo del sujeto y un yo que se manifiesta como un engañoso desbarajuste de identificaciones—, sino que ambos, o los muchos que se invoquen, aparecen como *simulacros* en el sentido deleuziano del término,[47] a partir de cuya confrontación toda experiencia y afirmación de identidad se viene abajo, así como toda aspiración a hablar de una unidad dividida.

En cambio, cuando nos enfrentamos con la subjetividad en proceso o sujeto plural que se postula en ciertos textos de mujeres a partir de esa escritura afálica que he recortado, donde el silencio tiene una presencia singular y el cuerpo o lo somático recurre o insiste, no es el vacío de la confrontación de los simulacros lo que emerge sino

47. Cfr. G. Deleuze, "Simulacro y filosofía antigua", en *Lógica del sentido*, Barcelona, Paidós, 1989, pp. 255-280.

marcas, huellas, cicatrices, grietas, que hablan de una historia genérica de opresión, invisibilización y discriminación. Tales *huellas* o *cicatrices* se manifiestan casi infaliblemente de manera preverbal, sea a partir de fluidos biológicos —la orina y la sangre en *La rompiente* de Reina Roffé—, de gritos —en diversos lugares de la obra de Marguerite Duras—, de gestos o trayectorias —los asumidos por las diversas figuras femeninas de *La rosa en el viento* de Sara Gallardo—. Éstos revelan, frente al vacío que la crisis subjetiva deja al descubierto en los textos escritos por hombres, lo específicamente reprimido por la razón en el caso de las mujeres a partir de la construcción sociocultural del género femenino.

En tal sentido, no es simplemente a la razón moderna a la que atacan ciertas escrituras afálica de mujeres, sino a su aspecto patriarcal, en tanto que la razón, además de las restricciones impuestas a la subjetividad, el cuerpo y la historia de los hombres —tan bien puntualizadas por Kristeva y, en otro campo, por Foucault—,[48] a las mujeres, por su costado patriarcal —tan bien analizado, como ya lo he dicho, por Celia Amorós— las ha recortado como híbrido entre naturaleza y cultura (Hegel), "misterio" y varón en menos (Freud), no-todas y fuera-de-la-Ley (Lacan).

Es decir que, cuando nos detenemos en la construcción o indagación de la subjetividad, volvemos a encontrarnos con ese costado *transgresor* propio de ciertas escrituras de mujeres que también señalamos en relación con la presencia del cuerpo como sostén de la escritura, vinculado desde mi punto de vista con la asunción de una historia de opresión y discriminación —es decir, de violencia simbólica, de ejercicio del poder— materializada a partir de la imposición de un conjunto de rasgos genéricos. En tal sentido, hablar de la transgresión como rasgo de ciertas escrituras de mujeres reviste una especificidad propia, que la diferencia de las transgresiones que se registran en el caso de los hombres. Porque si el sujeto fálicamente constituido es excluyente de muchos aspectos de lo masculino, directamente *no da cabida a la mujer*, como dice Celia Amorós.

---

48. Fundamentalmente en el primer tomo *(La voluntad de saber)* de *Historia de la sexualidad*, México, Siglo XI, 1987, 15ª ed.

(Excurso 3: Aquí habría que volver a insistir en que interponer la construcción de esa ilusión sociocultural que es el género como forma de opresión por parte de la razón patriarcal no es caer en un pensamiento sustancialista sino, por el contrario, asociar aquello en-más que presentan ciertas escrituras femeninas con la historicidad de conceptos pretendidamente trascendentales y verdaderos, pero en rigor enganchados en esas pelusas de la voluntad de poder que Foucault nos ha enseñado a descubrir, señalando no ya su origen *[Ursprung]* sino su procedencia *[Herkunft]* y su emergencia *[Entstehung]*, como quería Nietzsche.)[49]

Esto, que ya he explicado —espero que de manera convincente— respecto del cuerpo y la subjetividad, se aplicaría también a las transgresiones en cuanto al *género literario* que se advierten en ciertos textos de mujeres —¡ah, género, cuántos crímenes se han cometido en tu nombre!— y que, cuando han sido señalados, han despertado casi infaliblemente escepticismo en tirios y troyanos (feministas y antifeministas). Al respecto, de nuevo sostengo lo mismo que en los casos anteriores: cuando nos encontramos con una conciencia genérica operante, al margen de las transgresiones asociadas con el movimiento literario o la corriente estética en la cual se inscriban los textos de mujeres —que, siguiendo las leyes de la evolución literaria, las cuales (formalistas *dixit* y con razón) transgreden las normas impuestas por la generación anterior para remitirse a "tíos y abuelos"—, podemos advertir transgresiones propias de las mujeres pues significan una ruptura con la ley impuesta, en el campo literario, por los hombres. En tal sentido, podemos encontrarnos con textos escritos por mujeres donde, además de la transgresión generalizada que implica su pertenencia a una estética posmoderna, por ejemplo, percibamos transgresiones específicas al funcionamiento de la razón patriarcal en el campo literario. Incorporaría entre éstas, y sólo con intención ilustrativa —pues el tema daría para un artículo autónomo y apoyado en una amplísima ejemplificación—, el tratamiento de la narrativa erótico-pornográfica por parte de Tununa Mercado en *Canon de alcoba* y de Alicia Steimberg en *Amatista*,[50] la

49.   Véase al respecto Michel Foucault, "Nietzsche, la genealogía, la historia", en *Microfísica del poder*, Madrid, La Piqueta, 1980, pp. 7-29.

50.   Para un tratamiento de las diferencias entre pornografía, erotismo y obscenidad

hibridación genérica del cuento y el relato practicada por Marcela Solá en *Manual de situaciones imposibles*, Sara Gallardo en *El país del humo* y Ana María Shua en *Casa de geishas*, así como el de la novela también de Gallardo en *La rosa en el viento*; por fin —como bien lo ha señalado Beatriz Sarlo en el capítulo dedicado a Victoria Ocampo, Norah Lange y Alfonsina Storni en *Una modernidad periférica: Buenos Aires 1920 y 1930*—,[51] el manejo del género poético en las dos últimas autoras y la asunción del ensayo en el de Victoria Ocampo.

También dentro de este aspecto cabría que me refiriera al peculiar lugar que ocupa el cuento de hadas en la escritura de ciertas mujeres, pero creo que el artículo consagrado a él en este libro me exime hacerlo.[52] Lo único que al respecto me interesa señalar es que no se trata exclusivamente de un fenómeno perceptible en las narradoras y poetas argentinas contemporáneas (a las analizadas en el artículo sería preciso sumar, entre otras, a Sara Gallardo y Luisa Valenzuela) —si bien resulta bastante llamativo y creo merecería un artículo que lo indagase— sino que también aparece, por ejemplo, en poetas estadounidenses como Anne Sexton y Denise Levertov o, en relación con las figuras del mito griego, en la alemana Christa Wolf.

El último aspecto que me quedaría por considerar es el relativo a la singular presencia que tiene el *silencio* en los textos de mujeres. Porque cuando uno lee a Marguerite Duras percibe que, más allá del hecho de que su prosa continúe como ninguna otra dentro de la lengua francesa la de Stéphane Mallarmé y, en consecuencia, aplique el principio de desarticulación de la sintaxis y de valorización del silencio que ese auténtico iniciador del derrumbe de la representación literaria inauguró en sus textos, en su silencio hay algo propio. Ese "algo propio" —¿cuarto propio?— que lo acerca al que percibimos en textos como los de Reina Roffé, Sylvia Iparraguirre, Anne Walzer y Sara Gallardo, entre otras, donde lo "no dicho" es tanto o más significativo que lo dicho. Pero para dar cuenta de ello tenemos que recurrir a otras

---

véase Cristina Piña, "La narrativa erótica: literatura y sexualidad", en *Unicornio*, I, 2, agosto-setiembre 1992 (dossier).

51.   Beatriz Sarlo, "Decir y no decir: erotismo y represión", en *Una modernidad periférica: Buenos Aires 1920 y 1930*, Buenos Aires, Nueva Visión, 1988, pp. 69-93.

52.   Me refiero a "Herencias femeninas. Nominalización del malestar", de Cecilia Secreto.

reflexiones iluminadoras, concretamente los invalorables aportes de Deleuze sobre el vínculo entre la construcción de la sexualidad y la génesis del lenguaje.[53]

Combinando los conceptos de Melanie Klein con los de Lacan en lo relativo al desarrollo de la sexualidad y presentando sus propias nociones sobre la evolución lingüística que lo acompaña, Deleuze establece una génesis dinámica del lenguaje en íntima relación con las diferentes posiciones por las que va pasando la sexualidad humana para construirse como tal. Así, asocia los *ruidos* con la posición esquizo-paranoide y la presencia de los simulacros; la *voz* (silenciosa por definición) con la maníaco-depresiva y la formación del ídolo biparental; la *palabra* con la sexual-perversa y la generación de la imagen relacionada con el falo; el *verbo* (silencioso en tanto que pulsión de muerte) con la herida narcisista y la formación del fantasma, y por fin el *lenguaje* con la construcción de la superficie metafísica del pensamiento.

Más allá de la riqueza, la fascinación y la belleza de su pensamiento, también en este filósofo hay una adopción no problematizada —en lo relativo al predominio del falo para la constitución del sujeto— de las categorías psicoanalíticas que revelan una mentalidad patriarcal, por lo cual —de la misma manera que en el caso del pensamiento de Juranville— no me parece posible adherir a la totalidad de su planteamiento. Sin embargo, hay nociones que considero de suma importancia y que, al articularlas con el ya analizado pensamiento de Kristeva, cuya estructura conceptual refinan, dan respuesta justamente a esa presencia estructurante del *silencio* en ciertos textos escritos por mujeres, así como la reiterada referencia a la búsqueda de una *voz*.

Según el pensamiento de Deleuze, en la etapa prefálica —en el sentido de que aún no ha actuado, según el enfoque psicoanalítico patriarcal de la sexuación, el falo como significante esencial de la constitución de la sexualidad, el acceso al lenguaje y, en consecuencia, el advenimiento del sujeto—, a los *ruidos* de la posición esquizo-paranoide se sucede la *voz silenciosa* de la posición maníaco-depresiva, formas de manifestación que preceden a la *palabra* y el acceso al *lenguaje* como orden simbólico fálicamente regido. Como podemos ver, la descripción de Deleuze presenta varios puntos en común con la que

---

53. G. Deleuze, *Lógica del sentido*, pp. 123-226.

nos da Kristeva de la *xorá semiótica*, sólo que agrega la referencia —especialmente interesante en vista de la singular presencia del *silencio* en ciertas escrituras de mujeres— a la *voz silenciosa*, que´ aquél hace provenir directamente del ídolo superyoico biparental —pues reúne rasgos paternos y maternos y es por lo tanto previo a la división de los sexos—.

Acerca de ella nos dice que esta voz

> ... dispone incluso de todas las dimensiones del lenguaje organizado [...]. Pero la voz presenta de este modo las dimensiones de un lenguaje organizado sin poder hacer captable todavía el principio de organización según el cual sería ella misma un lenguaje. Permanecemos también fuera del sentido, y lejos de él, esta vez en un *pre-sentido* de las alturas: *la voz no dispone todavía de la univocidad que haría de ella un lenguaje, y sin más unidad que la de su eminencia permanece trabada a la equivocidad de sus designaciones, la analogía de sus significaciones, la ambivalencia de sus manifestación. Porque, en verdad* [...], *manifiesta el retiro en su principio o el silencio.*[54]

He destacado con bastardillas el final del párrafo porque esa "voz silenciosa" se asimila, cuando nos detenemos en la lógica que la rige, al lenguaje poético tal como ha sido definido por diversos paradigmas de pensamiento —lingüístico, psicoanalítico, fenomenológico— y en especial por Kristeva.

Es decir que la conceptualización de Deleuze permite recortar, dentro de ese lenguaje afálico del que vengo intentando dar cuenta, la presencia específica del *silencio*, no destacado en especial en la descripción kristeviana.

Creo, entonces, que podríamos distinguir las escrituras afálicas o de la diferencia —es decir, aquellas que permiten el surgimiento de un sujeto que hace estallar el orden simbólico— de hombres y mujeres en lo relativo a la presencia de esa *voz silenciosa* remitiéndonos nuevamente a las imposiciones socioculturales de género.

La negativa al derecho a decir y decirse, a tomar la palabra, ha sido una de las violencias simbólicas más evidentes ejercidas por el orden patriarcal sobre la mujer —desde la moderna definición lacaniana

---

54. Ídem, p. 199.

de la mujer como "fuera-de-la-ley" de la palabra hasta la prohibición a hacer uso del lenguaje que señalan infinidad de teóricas feministas o su inclusión dentro de uno de los grupos silenciados de la sociedad—.[55] En tal sentido, el *silencio* que aparece en ciertos textos de mujeres se revela como una de aquellas *huellas, marcas, cicatrices* o *grietas* que denuncian una historia genérica de opresión, silenciamiento y discriminación. Un silencio que, por su carácter de imposición, se ha ido cargando de un sentido y una densidad singulares, espesándose en ciertos casos hasta alcanzar casi mayor volumen significativo que lo dicho. Un silencio, también, que constituye, como dice Kristeva:

> ... una complicidad en lo no dicho, connivencia de lo indecible, del guiño, de un tono de voz, del gesto, de un tinte, de un olor: estamos allí abajo, al margen de nuestras cédulas de identidad y de nuestros nombres, en un océano de precisión, una informática de lo innombrable. No ya comunicación entre individuos sino correspondencia de átomos, de moléculas, de briznas de palabras, de gotas de frases. La comunidad de las mujeres es una comunidad de delfines.[56]

(Al respecto, me permito ampliar, desde la perspectiva genérica en la que me he situado, la afirmación de la autora, pues si las mujeres somos "comunidad de delfines" o "conjunto de «las idénticas»" se debe, como lo señala Amorós,[57] precisamente a la esencialización a que nos somete la razón patriarcal incluyéndonos en un género ilusorio pero que ha ejercido una singular violencia simbólica a lo largo de la historia.)

Esta última reflexión, asimismo, me lleva a preguntarme si tal vez las lectoras mujeres no percibimos de manera especial la densidad de ese silencio, su espesor semántico, su carácter de código de grupo, en tanto pertenecemos a él y compartimos —desde las "moléculas" socioculturales de nuestro género— sus guiños, los cuales para los hombres serían inaccesibles o in-significantes... Por ampliación, y

---

55.   En este punto, me remito a los conceptos elaborados por los Ardener acerca de las mujeres como grupo "enmudecido" o "silenciado", en Elaine Showalter, "Feminist Criticism in the Wilderness", en *Critical Inquiry*, VIII, 2, invierno de 1981.

56.   J. Kristeva, "Stabat Mater", p. 321.

57.   *Hacia una crítica de la razón patriarcal*, citado por Ana María Fernández, ob. cit., p. 42.

atendiendo a la actitud despectiva de la "comunidad disciplinaria" —nunca mejor aplicado el término, en el que Foucault nos enseñó a ver su aspecto de imposición y ejercicio del poder, de "disciplinamiento" y exclusión— formada por los estudiosos de la literatura ante la teoría y la crítica feministas, ¿no serán también sólo accesibles para lectoras-críticas-teóricas mujeres los otros rasgos que he ido relevando como propios de ciertas escrituras de mujeres? Tal vez sí, pues, como lo percibió con claridad Elaine Showalter,[58] leer como una mujer no es algo dado sino una construcción a partir, precisamente, de la conciencia de género y de la voluntad de deconstruirlo...

Con lo cual este artículo no resultaría ser más que un intento de teorización o generación de nociones problemáticas *políticamente* orientado a partir de una determinada posición tomada ante el tema. ¿Y qué? ¿Qué tiene de malo? ¿Acaso no sabemos desde Nietszche y sus sucesores en el pensamiento antimetafísico que las nociones siempre se enraízan en sus condiciones históricas de producción y en enfrentamientos de poder y de fuerza? ¿Acaso mi punto de partida no ha sido declarar, implícitamente, la inexistencia de toda "verdad" absoluta y el intento de pensar "lo otro" —en este caso, la relación entre las mujeres y la escritura— desde una posición antisustancialista y posmetafísica? También, poner un poco de coherencia en los desbarajustes epistemológicos en los que han caído tantas colegas y maestras brillantes, precisamente por perder de vista el carácter no esencialista ni "verdadero" de su pensamiento.

Porque la mínima honestidad intelectual debe llevarnos a hacer la genèalogía de nuestro propio pensamiento, no sólo del de los demás —sean hombres o mujeres—, para descubrir en qué "pelusas" se engancha, en qué voluntad política.

En mi caso, la procedencia y la emergencia —no el "origen"— de la reflexión sin duda ha sido la voluntad política de reivindicar a las mujeres como grupo enmudecido y sujeto a diversas violencias simbólicas —fundamentalmente la del género— a lo largo de la historia. Ésa sería, entonces, la "pelusa" o "clavo" último en el que se engancha.

---

58.   "Towards a Feminist Poetics", en Mary Jacobus (ed.), *Women Writing and Writing About Women*, Londres, Coroom Helm, 1979, pp. 22-24.

El clavo —o la rastra— del género

> Nuestra sentencia no es aparente-
> mente severa. Consiste en escribir sobre el
> cuerpo del condenado, mediante *la Rastra,*
> *la disposición que él mismo ha violado.*
>
> FRANZ KAFKA

Que el género es un clavo que desde hace siglos nos ha clavado, como un bello cuadro decorativo, insustancial y mudo, incapaz de gozar sino fuera-de-la-ley, no es novedad para ninguna mujer. Lo que tal vez se pueda hacer, tras esta recorrida de pensamiento, es invertir su punta —fálica al fin— y, sacándolo de nuestra piel, clavarlo sobre el muro de la historia de la opresión para colgar en él nuestra errante sonrisa del gato de Cheshire.

Aunque, en rigor, esa inversión del clavo no la hemos hecho ni yo ni mis antecesoras en la reflexión teórica, sino precisamente esas escritoras que lo transformaron en pluma, máquina de escribir, computadora —o lo que el futuro escriturario nos depare—, para que de herir, inmovilizar y exhibir como objeto pasara a decir, dar movimiento, subjetivar afálicamente.

Yo, como lo decía antes, a lo sumo, tras leerlas, intenté colgar de él la sonrisa errante de las escrituras afálicas, donde algunas mujeres —nunca todas— desenmascaran su cuerpo invisibilizado, indagan y construyen su sujeto plural o en proceso, dicen su goce desde la voz del silencio. Pero ellas, sólo ellas, hicieron la reversión.

Margaret Atwood y la trampa liberadora del cuerpo femenino

Ana María García

Las estratagemas del género

Siniestro. Tal es el adjetivo que resume la experiencia de lectura que genera *El cuento de la criada* de Margaret Atwood.[1] Texto que —desde los componentes discursivos más evidentes, personajes, tiempo, espacio— se inscribiría en lo que canónicamente se enmarca dentro del género de la ciencia ficción o literatura de anticipación.

Esta especie narrativa promueve la creación de un universo ficcional distanciado de las categorías espacio-temporales de la realidad empírica, por cuanto trabaja con mayor énfasis en el carácter imaginario, profético, del hecho estético. Vinculada con el relato mítico, se constituye en una lúcida metáfora de la condición humana sometida a los efectos —con frecuencia devastadores— de una conducta que se inclina hacia la propia destrucción.

Si bien esta novela comparte con el género la postulación de un mundo en el que la manipulación errónea de avances en el orden tecnológico han llevado al deterioro del medio ambiente —la demarcación textual de las "colonias", zonas altamente contaminadas— y la alusión al peligro de la extinción de la especie —el fenómeno de esterilidad—, estos elementos no se erigen en la matriz del relato.

El progreso de la parafernalia científica que ocupa un lugar de

1. Buenos Aires, Sudamericana, 1987. Todas las citas están tomadas de esta edición.

51

privilegio entre los máximos cultores de la narrativa de ciencia ficción aquí es visto como síntoma o huella que hace visible una cuestión mucho más candente: la revisión, el análisis descarnado de la alienación que recorre todos los intersticios de una sociedad.

En otras palabras, asistimos al desenmascaramiento de una manera de situarse en el mundo, a correr el velo en torno de la productividad de una maquinaria religiosa, jurídica, social y económica que prescribe patrones de conducta y atributos capaces de esencializar los paradigmas de lo masculino y lo femenino.

Ahora bien, otra estrategia que también se aleja de los dictados del canon se relaciona con el manejo del tiempo.

"Dormíamos en lo que, en otros tiempos, había sido el gimnasio." El texto se abre con un tiempo de la enunciación que marca la existencia de dos momentos, un antes y un después, desde una primera persona plural. Este uso pronominal no será casual puesto que, como luego veremos, obedece a una de las líneas de sentido fundamentales del texto: la emergencia de una individualidad desde su pertenencia a un grupo, su filiación a una taxonomía de "especie" aun cuando simultáneamente leamos la resistencia a ser mirada desde esta categorización.

La elección en la constitución de la voz narradora proyecta, también, otras derivaciones. El efecto que logra desde el polo de la recepción es transparente y directo. Sin anestesia, sin el atenuante de ninguna red que amortigüe el impacto que recibimos, "nosotras" comienza a trabajar sigilosamente para colocarnos en situación de activa coautora del texto. Esta estrategia se entiende en relación con un concepto de escritura como práctica, en tanto ejecuta un acto de fuerte significado social.

La alternancia en el uso del número de la primera persona obedece a los sucesivos giros que va presentando la historia dado que, por momentos, se privilegia la configuración de la especie en el presente, pero además se instala el singular que connota el tránsito a otra zona. El yo frecuentemente se vincula con la emergencia de un tiempo pasado que —a la manera de *flash back*— recupera imágenes de la protagonista en un estado anterior, situación en la que se hallaba investida de otra condición, como ya explicaré.

A partir de esta ruptura en el orden lineal del acontecer, me interesa reflexionar sobre la importancia del hiato que se abre continuamente en el texto. Quiebra que, desde mi perspectiva, deconstruye el género literario en su especificidad.

En el inicio de este ejercicio crítico utilicé el adjetivo "siniestro" para denominar de alguna forma el efecto que nos provoca su lectura sin fundamentar las razones de tal definición. Ahora intentaré avanzar sobre la cuestión.

Si bien el tiempo de la enunciación postula un mundo lógicamente posible, cuando la voz narradora hace funcionar el mecanismo de la memoria y recuerda, el contexto que se actualiza coincide peligrosamente con el actual. De pronto, ese lugar confortablemente alejado del nuestro, al que podíamos observar sin comprometernos demasiado por cuanto *esas cosas les pasaban a ellas*, es pulverizado de golpe y nos encontramos con esa sensación que tan bien describió Sigmund Freud. Sentimiento de inquietud, de extrañeza agazapada en la cotidianeidad que torna lo de las *otras* en algo *nuestro*.[2]

Así ingresamos en el socavamiento de la tipología narrativa. ¿Es literatura de anticipación? ¿O quizá comparte también ciertos ingredientes de la novela histórica en tanto recuperación-reconstrucción de un fuerte cóctel de acontecimientos e imágenes que circulan en el imaginario colectivo contemporáneo?

Plantear esta posibilidad crea una suerte de paradoja en la que el proceso textual articula la presentación de dos fórmulas que, ciertamente, cohabitarían bajo los ropajes de una contradicción lógica: la narrativa de anticipación y la narrativa que "propugna la ilusión de espacializar un tiempo bloqueado", en palabras de Noé Jitrik.

No obstante, si bien el canon del género prescribe que novelar es, ante todo, la representación de un saber que es anterior, el cual tiene que ver con un tiempo concluido, creo que aquí se violenta esta premisa por cuanto las categorías temporales habituales —presente,

---

2. Cfr. Sigmund Freud, *Lo siniestro*, en *Obras completas*, Buenos Aires, Amorrortu, 1986, Vol. 17.

Si la teoría psicoanalítica tiene razón al afirmar que todo afecto de un impulso emocional, cualquiera que sea su naturaleza, es convertido por la represión en angustia, entonces es preciso que entre las formas de lo angustioso exista un grupo en el cual se pueda reconocer que esto, lo angustioso, es algo reprimido que retorna. Esta forma de la angustia sería precisamente *lo siniestro*. Si ésta es realmente la esencia de lo siniestro no sería algo realmente nuevo, sino algo que siempre fue familiar a la vida psíquica y sólo se tornó extraño mediante el proceso de su represión. Y este vínculo con la represión nos ilumina la definición de Schelling, según la cual *lo siniestro sería algo que, debiendo quedar oculto, se ha manifestado.* (p. 241)

pasado, futuro— se entremezclan y difuminan sus límites. ¿Cómo decir qué es el pasado? ¿Cómo situarme ante la historia? ¿Cómo separar al sujeto de ese proceso en el que está inmerso y lo construye?

El análisis de la temporalidad me lleva inexorablemente a considerar la cuestión de la identidad, una de las pulsiones que condujeron al surgimiento de esta especie narrativa en el siglo XVIII y principios del XIX, pero que actualizo para esta revisión epocal y para la problemática que denuncia.[3]

Se desprenderá, entonces, que esta escritura comparte con la novela histórica una búsqueda de reconocimiento, un deseo o necesidad de constituir un repertorio de imágenes femeninas desde la dicotomía *especie / género*.[4]

3.   Cfr. Noé Jitrik, *Historia e imaginación literaria*, Buenos Aires, Biblos, 1995. Este trabajo me ha resultado sumamente útil para reflexionar sobre la constitución del género literario *novela histórica* y para plantear cómo se ubica el texto de Atwood con relación a esta suerte de genealogía y clasificación que hace Jitrik. Considero que *El cuento de la criada*, además de compartir ciertos caracteres propios de esta narrativa ya mencionados en el desarrollo de mi exposición, dibuja un lugar de la enunciación dentro de una teoría cultural que construye un saber desde la periferia. Por ello va más allá de las teorizaciones en torno del género literario para instalar la problemática del género sexual.

Jitrik utiliza el término *pulsión* como sinónimo de tendencia. Establece una analogía entre la vida de un individuo y la de una comunidad para explicar la presencia de un deseo que se hace manifiesto luego de un período de represión. De cuño freudiano, por pulsión se entiende un impulso energético que hace que el organismo tienda hacia un fin.

4.   Uno de los presupuestos epistemológicos sobre los que se vertebra este ejercicio crítico es la diferenciación entre los conceptos de *sexo y género*. Si bien los discursos y las prácticas sociales han construido imágenes de lo femenino y lo masculino desde un sesgo biologista (el sexo como destino, la anatomía vista como una especie de jaula), la teoría feminista se ubica en otra posición que escapa a esta taxonomía que simplifica y reduce la cuestión.

El término *género* data de 1955, cuando el investigador John Money lo propuso para describir el conjunto de conductas atribuidas a varones y mujeres *(gender role)*. No obstante, fue Robert Stoller quien estableció con mayor precisión la distinción entre sexo y género. La idea fundamental es que el primero se refiere al hecho biológico de que la especie humana es una de las que se reproducen a través de la diferenciación sexual, mientras que el *género* se define como una "red de conductas, creencias, sentimientos, valores, conductas que diferencian a varones y mujeres. Tal diferenciación es producto de un largo proceso histórico de *construcción social*, que no sólo genera diferencias entre los géneros femenino y masculino, sino que, a la vez, esas diferencias implican *desigualdades y jerarquías entre ambos*". Cfr. Mabel Burín, "Género y

Es decir, aparece en el imaginario social la mujer como problema, como un constructo, no ya como una flor o una vaca, un *algo* naturalmente dado, sino en tanto sujeto promotor de cambios profundos en las estructuras sociales. Si cuando hablamos de capitalismo o socialismo nos referimos a fenómenos que implican una postura ideológica en relación con el individuo y la forma en que concibe su entorno, es lícito postular que esta novela es *histórica* al trazar un itinerario, una genealogía de la mujer como entidad social.

Es así como, desde esta lectura, el referente textual se articula en relación con un relevamiento de la condición de la mujer vista desde un recorte diacrónico, fragmentario y selectivo de la historia de la cultura cristiana en Occidente, mientras que el referido, el artificio ficcional, se organiza a partir de la invención de una sociedad falocéntrica irreal cruzada por fuertes señales representativas de regímenes totalitarios contemporáneos.

Este proceso de transformación que la escritura lleva a cabo con un material que circula en el imaginario social permite la puesta en escena de otro saber. Saber que reconstruye imágenes estereotipadas de mujer. Estrategia que despliega un significativo grado de complejidad puesto que, en el acto de fijar, cuestiona, pulveriza, categorías o conceptos caros al pensamiento de nuestra cultura, tales como *maternidad, matrimonio, ciencia, historia, verdad*; en definitiva, socava la constitución de la subjetividad desde un reduccionismo esencialista.

Siguiendo con el debate en torno de la especie narrativa que aquí se actualiza, sugiero que, dentro de una posible tipología de la novela histórica, nos encontramos frente a la presencia de una novela catártica en tanto "se canalizan necesidades analíticas propias de una situación de cercanía", es decir, una proyección especular de la historia de la mujer.[5]

No obstante, considero que el gesto subversivo de esta escritura describe una parábola mucho más profunda. Si revisamos la disposición de la materialidad textual, observaremos que se hace evidente la distribución de dos zonas preferentemente marcadas.

Una, constituida por el cuento de la criada propiamente dicho, es

---

psicoanálisis: subjetividades femeninas vulnerables", en *Actualidad Psicológica*, XIX, 20, Buenos Aires, junio de 1994.

5.   Cfr. N. Jitrik, ob. cit.

decir, la matriz ficcional "pura" pero, a continuación, se anexan unas "Notas históricas" que funcionan como una suerte de paratexto del relato en cuestión.

Este apéndice, unas pocas páginas, instala una mirada que desnuda los mecanismos de la textualidad y revisa la eficacia de los regímenes de la verdad articulados a partir de series discursivas legitimadas, como la historia y la literatura.

Por un lado, hace explícita la red polifónica que atraviesa la narratividad. Ubica, especifica los pasajes de la Biblia que se semantizan en *El cuento...* Asimismo, surge la necesidad de contextualizar, de realizar una operación arqueológica en la que se intenta reconstruir las circunstancias de la enunciación y la localización de los actores fundamentales del hecho. El relevamiento del contexto, la descripción de las características del régimen de Gilead, se hallan contaminados por referencias a lugares, acontecimientos y prácticas contemporáneas.

> En la década de los 80, por ejemplo, Rumania se había anticipado a Gilead mediante la prohibición de todos los métodos de control de natalidad imponiendo a la población femenina la realización obligatoria de pruebas de embarazo y supeditando los ascensos y los aumentos de salario a la fertilidad.

De nuevo, la ficción es cruzada por la realidad empírica.

Ahora bien, esta exhibición de las fuentes, el funcionamiento de una zona autorreferencial, provocan otra vuelta de tuerca en el efecto de recepción del texto. Recordamos que las "Notas" pertenecen a la ponencia de un hipotético congreso de historiadores en el que se examina este "documento".

Sin embargo, el discurso histórico también es desfondado.

> La expedición de pesca saldrá mañana, como estaba programado, y para aquellos que no hayan traído un adecuado equipo para la lluvia y repelente de insectos, les informo que pueden conseguirlos con cargo a su cuenta en la recepción. (p. 272)

La parodia, procedimiento que se instala a partir de la elección de los nombres de los "seudocientíficos" —el profesor Pieixoto, la profesora Crescent Moon— y en la descripción de las actividades que se publicitan, arrasan con la pretensión de objetividad y los almidones propios del paradigma científico canónico.

Geoffrey Chaucer, el *pater* de la literatura anglosajona, deja oír su voz. Siguiendo el modelo del relato enmarcado, el profesor Pieixoto cuenta el descubrimiento del cuento de la criada. Así nos enteramos de que la escritura, en realidad, es una transcripción de ciertos casetes hallados en un cajón de zapatos y que los científicos acomodaron según su parecer. Esta mirada focalizada sobre el objeto estético y las condiciones de su producción da por tierra con categorías, entidades consagradas dentro de una manera de entender la literatura. ¿Quién detentaría, por ejemplo, el título de "autor" del relato? ¿Existiría, en verdad, una suerte de escritura? Concepto, interrogante fundamental puesto que, como vemos, el soporte material, la grafía, nunca se actualizó. ¿Se postularía una especie de retorno de los orígenes, al mito como *foné*, como pura voz?

Este trabajo en el plano de la enunciación abre una serie de efectos interesantes al plantear una zona que, desde la matriz formal, genera una mirada crítica y autorreflexiva en la textualidad.

Uno de estos desplazamientos es la presencia de un Cide Hamete del futuro, el profesor Pieixoto, el supuesto autor del relato puesto que es quien transcribe la historia. Aquel que se nombra como el dueño de la palabra funciona para caracterizar un modo de ser del discurso. Formaciones lingüísticas, prácticas institucionales que circulan y legitiman imágenes; valoraciones que construyen los patrones culturales de una sociedad a través de categorías tales como las de autor, obra, escritura.

¿Cómo leer, entonces, este pasaje, este cambio en el uso de la voz narradora? La primera persona, el yo con el que se inicia el texto, yo que se asume en un "nosotras" al instaurar una filiación genérica y genealógica de la cuestión de la identidad de lo femenino, es escamoteada, desaparece detrás de la tercera persona que reenvía la historia dentro de la historia.

Este procedimiento de giro del lugar de la enunciación se complejiza aún más cuando se nos informa que la oralidad, los casetes, son dispuestos en forma completamente arbitraria, bajo el imperio del azar. La ruptura de la linealidad de una probable e hipotética lógica en el devenir del relato produce un hiato epistemológico que incomoda y perturba el acto de lectura, convoca la diseminación del sentido.[6]

---

6. La operación textual que estoy describiendo apunta a una revisión de los supuestos culturales sobre los que se asienta nuestra civilización. Hacer visible el funcionamiento de la voz implica desnudar los presupuestos filosóficos que ésta

¿Quién se erige en "dueño" del relato? ¿Qué "materia" leímos? ¿Qué "clase' de escritura es ésta que reniega de su condición, que desfonda la oralidad y no se legitima en un espacio de autoridad y verdad?

Dinamitar el género tras la mascarada de una supuesta novela de ciencia ficción, desplazar el plano de la enunciación de un registro biográfico que desnuda la fragilidad de su constitución discursiva y que finalmente es filtrada por la voz oficial, hacer estallar, en definitiva, el lenguaje, los discursos, el origen, el andamiaje sobre el que se asienta la centralidad de un sujeto único, eterno e inmutable.

Ambigüedad, fragmentarismo que disuelve hasta la misma posibilidad del acto escriturario, voz, cuerpo... ¿rasgos que hablarían de un algo llamado escritura femenina?

Gilead: una sofisticada *mise en scène* de la episteme de lo mismo

> En nuestro orden social, las mujeres son "producidas", utilizadas, intercambiadas por los hombres. Su estatura es el de las "mercancías". ¿De qué manera este objeto de uso y de transacción puede reivindicar un derecho a la palabra, y más generalmente, una participación en los intercambios? Las mercancías, ya sabemos, no van solas al mercado, y si ellas pudieran hablar... [...] El uso, el consumo, la circulación de sus cuerpos sexuados aseguran la organización y la reproducción del orden social, sin que tengan jamás su parte en él como sujetos.
>
> Luce Irigaray

Una sociedad es una forma de interpretación del mundo. Cada

---

connota: origen, presencia, sentido, verdad. "Dicha noción [la voz] permanece por lo tanto en la descendencia de ese logocentrismo que es también un fonocentrismo: proximidad absoluta de la voz y del ser, de la voz y del sentido del ser, de la voz y de la idealidad del sentido." Jacques Derrida, *De la gramatología,* México, Siglo XXI, 1984.

sistema —incluso el que actualiza una condición ontológicamente utópica como la ficción— inventa sus esquemas organizadores, los cuales proveen las imágenes necesarias para que la comunidad pueda verse, pueda fundarse como tal. Estas producciones de sentido son instrumentos que crean individuos, que coadyuvan en el armado de los dispositivos institucionales como también en los mecanismos que perpetúan esta dinámica.

Así surgen los mitos. Es decir, la sociedad registra una maquinaria especular que refleja aquello que el grupo sanciona como modelo paradigmático, lo instituido, pero también aparecen elementos que se resisten al molde y promueven el cambio, lo instituyente.

Desde esta perspectiva, considero que es posible sugerir la presencia de tres ejes que anudan imágenes estereotipadas de la mujer, vista fundamentalmente desde la operatividad de las falacias biologista y esencialista.[7]

— el mito de la mujer-madre;
— el mito de la mujer afásica, y
— el mito de la mujer objeto considerada como especie.

Esta suerte de clasificación en modelos o miradas de mujer diseñados desde las anteojeras de la lógica patriarcal no se dan en forma

7. Cfr. Ana María Fernández, *La mujer de la ilusión*, Buenos Aires, Paidós, 1993. Este texto ha funcionado como un permanente soporte teórico y metodológico en el desarrollo del trabajo. Férnandez toma el concepto de la *ilusión de simetría* de Luce Irigaray para nombrar el desigual tratamiento epistemológico y político del sujeto mujer a través de la historia. Establece los "soportes narrativos" desde los que se han implementado estos regímenes de verdad en el imaginario colectivo. Dos de estas categorías lógicas son las llamadas *falacia biologista* y *esencialista*.

A través de la falacia biologista se distribuyen los lugares sociales y posicionamientos subjetivos de Hombre y Mujer. Se basa en el supuesto isomorfismo entre las funciones sexuales y reproductivas (ya pensadas de determinada manera), y el conjunto de las tareas, atribuciones y obligaciones públicas y privadas para cada género. [...] Con respecto al *esencialismo* opera en dos movimientos. En el primero, las funciones biológicas se encuentran transportadas al rango de esencia, son, por lo tanto, la plena realización de la feminidad. [...] Por el segundo movimiento, esta esencia universal así construida es dotada de verdadera realidad, de verdadero peso ontológico. (pp. 41-42)

aislada en la narratividad, puesto que permanentemente se observa un trabajo de construcción-deconstrucción de estas categorías y el intento de hacerlas más visibles en relación con las otras.

Resulta evidente que el último eje mencionado —la mujer definida como especie— contiene a las otras imágenes postuladas. Este carácter generalizador, globalizador, posibilita el despliegue de sus características en la puesta en escena de los mitos de la maternidad y del sujeto no parlante.

La descripción de cómo se conforma el imaginario colectivo en el estatuto ficcional no resulta suficiente. También creo indispensable analizar la eficacia prescriptiva de estas esencializaciones, que se ejecutaría desde dos tácticas fundamentales.

Por un lado asistimos a la repetición insistente del relato generado a partir de la productividad de la matriz mítica. El discurso didáctico-moralizante de las tías es el instrumento más notorio de la palabra oficial encargada de lavar todo vestigio de individuo en pos de la ideología canonizada. El epígrafe bíblico que enmarca el inicio de la novela es el primer eslabón de una línea de sentido que, a través de formaciones discursivas diferentes —salmos, plegarias—, refuerza la constitución de esta sociedad pautada desde lo único.

En segundo lugar, se instala una preceptiva en torno de los actos, de las conductas y de las emociones cuyo fin es amputar el espacio de lo privado, la historia personal, para que se imponga el bien comunitario.

Sin embargo, también se arman barricadas, marcas que violentan estas estructuras. Los deslizamientos del sentido giran en relación con una semiótica que transgrede las normas establecidas. Semiótica que teje las figuras del poder, no entendido como un "fenómeno de dominación masiva y homogénea", sino ejercitado "a través de una organización reticular".

El tránsito, la circulación de una *microfísica del poder*, obliga a realizar un análisis *ascendente* de estos mecanismos de dominación, de sus desplazamientos, modificaciones, inversiones y colonizaciones.[8]

8. Cfr. Michel Foucault, *Microfísica del poder,* Madrid, La Piqueta, 1979.

No se trata de una especie de distribución democrática o anárquica del poder a través de los cuerpos. Me parece que —y ésta sería la cuarta precaución de método— lo importante no es hacer una especie de deducción de un poder que arrancaría del centro e intentar ver hasta dónde se prolonga, hacia abajo, ni en qué medida se reproduce.

Analizaré de qué manera ciertos gestos, miradas, palabras, en suma, el acto mismo de contar una historia resultan una provocación a esta necesidad de invisibilización de lo diverso.

Hacia un desfondamiento del sujeto... femenino/feminista

> Siendo naturaleza en última instancia, la mujer accede al estatuto de la individualidad, estatuto *cultural* por excelencia: la individualidad requiere un determinado desarrollo de la autoconciencia y un despegue de la inmediatez [...] que no puede lograr la esencia de lo femenino, compacta en un bloque de características genéricas en la que cada uno de sus ejemplares individuales es irrelevante en tanto que tal y carece de entidad en la medida en que no es representación del Género.
>
> Celia Amorós

Exhibir la mascarada del discurso religioso: imperativo dominante de la red intertextual. Palabra sacra que se inclina ante el mandato político de una elite. El efecto paródico deja al desnudo las huellas de este instrumento lábil en las manos de aquellos que se sienten los "dueños" del poder. ¿Cómo interpretar, sino, esta necesidad de reglar, de prescribir, apelando a la voz de un texto canónico, las relaciones fundamentales que sostienen la continuidad y la permanencia de una comunidad?

Se hace evidente en la recuperación del pasado de la criada que, en un momento dado, la mujer —algunas mujeres— (la historia de la madre funciona en este sentido) se convirtieron en un factor peligroso

---

Más bien se debe hacer un análisis *ascendente* del poder. (p. 144)

La criada actuaría como un elemento molecular que me permite mostrar el funcionamiento de esta concepción reticular del poder a través del análisis de su historia, trayectoria, los mecanismos de dominación y resistencia que operan sobre y a partir de su figura.

para el sistema y que debía ser desactivado. De ahí que se establezcan las bases para el nacimiento de un nuevo orden social en el que la mujer perderá derechos adquiridos a través de un proceso de construcción personal —tales como la posibilidad de recibir bienes simbólicos, como la educación—. Este tránsito implica la pérdida de una condición anterior y el ingreso a otro estatuto jurídico, incluso ontológico.

La instrumentación en el discurso de un tipo de esclavitud, "por cierto de una manera aún muy rudimentaria y latente [puesto que] en ella la mujer y los hijos son esclavos del hombre" (Marx y Engels) es lo que se muestra. Monopolización de la propiedad privada en beneficio del *pater*, servidumbre anclada en los cuerpos, arrendamiento de úteros fértiles, tales son algunos de los sistemas de dominación desde los cuales opera la razón patriarcal.

¿Qué características, qué ropajes presenta este mundo posible al promover la paulatina liquidación de una individualidad en pos del advenimiento de la *especie*?

Encontramos una sociedad fuertemente estamental, organizada en torno de la distribución de funciones y espacios determinados, por ejemplo, el ama de casa, la procreadora, el guardián, el espía, la cocinera. Este sistema de castas establece un orden jerárquico riguroso que no se puede violentar.

Tal régimen político-social produce un cultura fuertemente represora en donde se observa una "ritualización rígida del comportamiento", en palabras de Jurij Lotman.[9] En la cima de este orden se ubica la casta de los guerreros, es decir, se delinea una suerte de pirámide feudal en la que la actividad bélica es el modelo que provee una

9.   Este teórico postula la esencia sígnica de la cultura, establece una relación de proporcionalidad entre el grado de cultura y la semioticidad del comportamiento. De ahí que distinga culturas predominantemente centradas en la *expresión* y culturas predominantemente centradas en el *contenido*. La ideología del medioevo, ejemplo del primer tipo, presenta una "ritualización rígida de las formas de comportamiento" y "una correlación biunívoca (y no arbitraria) entre el plano de la expresión y del contenido. Otro concepto que me ha resultado interesante es la antinomia *cultura/anticultura*. "La cultura sólo se concibe como una porción, como un área cerrada sobre el fondo de la no-cultura. El carácter de la contraposición variará: la no-cultura puede aparecer como una cosa extraña a una religión determinada, a un saber determinado, a un determinado tipo de vida y de comportamiento. Pero siempre la cultura necesitará de semejante contraposición." Jurij Lotman y Boris Uspenskij, *Sobre el mecanismo semiótico de la cultura*, Madrid, Cátedra, 1979, p. 68. La novela que nos ocupa crea un mundo posible que responde al modelo semiótico propuesto por Lotman.

normativa del uso de las palabra y la disciplinarización de las conductas. Los ojos serán los encargados de vigilar el funcionamiento correcto de los engranajes. En esta línea de sentido también surge la presencia del doble de la protagonista, Deglen. La duplicación actancial apunta a tensar aún más un sistema que sofoca cualquier síntoma que dé cuenta de un atisbo de identidad.

Desde esta lectura aparece nítidamente la demarcación de otra zona, la "anticultura", representada por las colonias, territorio de exilio al que son confinados aquellos que no son útiles para el funcionamiento del "orden" propuesto. Esta suerte de no-lugar es el espacio al que son enviadas las *no-mujeres*, término significativo para designar a quienes se ven imposibilitadas de cumplir con la función de la procreación. El maniqueísmo conceptual que esta categorización comporta hace visible la eficacia simbólica de una mirada biologista que reduce la persona a la especie desde un atributo o capacidad orgánica.

¿Qué procedimientos, qué instrumentos se fabrican para producir esta deconstrucción, este vaciamiento de un individuo que se ve confinado a un lugar —el cuerpo— y a un único don deseado, el hijo?

> Porque primero fue creado Adán, y luego Eva. Y Adán no fue engañado, pero la mujer, siendo engañada, cometió una transgresión. No obstante, se salvará mediante el alumbramiento si continúa en la fe y la caridad y la santidad con sobriedad. (El Comandante, pp. 205-206)

El Comandante, la ley, es quien marca la única senda posible. La sociedad se "salvará" gracias a la muerte de un sujeto, el femenino. Considero que, de alguna forma, asistimos a una reescritura sumamente libre del mito de Ifigenia puesto que el texto apunta a exhibir los dobleces de una ideología que cercena.

En esta línea de sentido se inscribe el discurso de las tías:

> También se puede servir simplemente esperando, decía tía Lydia [...] Imaginad que sois semillas. (p. 21)

> Recato e invisibilidad son sinónimos, decía tía Lydia. No lo olvidéis nunca. Si os ven —si os ven— es como si os penetraran, decía con voz temblorosa. Y vosotras, niñas, debéis ser impenetrables. Nos llamaba niñas. (p. 31)

63

Recordadlo, decía tía Lydia. Vuestros pies y vuestras manos no son esenciales para nuestros propósitos. (p. 86)

Amor, dijo tía Lydia en tono disgustado. Que yo no os sorprenda en eso. Nada de estar en la luna, niñas. Moviendo el dedo delante de nosotras. El amor no cuenta. (p. 204)

Múltiples focos de una sola voz, la repetición insistente de este relato originario horada lo diverso, despoja paso a paso la pluralidad en pos de lo idéntico. Espejo en el que se mira lo que T. Adorno ha dado en llamar la episteme de lo mismo, resurrecciones que reflejan una imagen: Narciso. Este mito, cristalización intuitiva, irracional del imaginario que en los primeros balbuceos de nuestra cultura anuncia la productividad especular de la razón patriarcal.

En este tipo de organización económico-social, la división del trabajo, la estratificación de funciones, se presenta desde un severo control del comportamiento. La necesidad de ordenar esta maquinaria conduce a la puesta en escena de una semiótica del vestido, de los gestos, de los sentidos.

La asignación de colores obedece a un entramado perverso vinculado a la oposición madre/prostituta que aquí se configura de una manera más sofisticada. El rojo identifica a las criadas; el celeste, el jardín —léase el Edén— a las esposas. Cuerpo y espíritu, cielo y tierra, salvación y pecado, las correspondencias son evidentes.

Legislar en torno de los colores es una operación análoga a la disección que se crea en la esfera de los sentidos:

Hemos aprendido a ver el mundo en fragmentos. (p. 32)

Generalmente caminábamos con la cabeza baja, con la vista clavada en nuestras manos o en el suelo. (p. 123)

Con la toca que llevamos —las anteojeras— es difícil mirar hacia arriba y tener una visión completa del cielo, o de cualquier cosa. Pero igual lo logramos, un poco cada vez, con un pequeño movimiento de la cabeza, arriba y abajo, a un costado y hacia atrás. (pp. 32-33)

Las "anteojeras" se erigen en símbolo del recorte asestado al sujeto en relación con su proyección, con su vínculo con el mundo. Del pedazo, del fragmento que se le asigna a cada individuo como parte de la especie.

Prohibición de todo aquello que se conecte con el goce: otro mecanismo que ayuda a la invisibilización de lo diverso consiste en este borramiento de los sentidos. Anestesiarlos —no mirar, no tocar— lleva al desmantelamiento de la subjetividad, la necesidad no sólo de construir en serie un único discurso sino de barrer cualquier atisbo de lo propio.

"Como el resto de las cosas el pensamiento tiene que estar racionado", se dice en un momento. Tampoco queda espacio para sentir.

Hacer tambalear los oropeles del sujeto cartesiano, profundizar esta situación inicial para exhibir una heterogénea colección de imágenes de mujeres quienes delinearían aún más la dualidad cuerpo-alma desde los imperativos del mercado, son algunas de las instancias que anuncian el estallido de la identidad.

Proceso macabro que se sustenta en la eficacia de los regímenes de verdad al proclamar la existencia de la incompleta, la no-toda, la inacabada. La *inacabada* quiere decir, también, la *ausente* del discurso. Como ya he sugerido, uno de los mitos que circulan con fuerza es el de la mujer *afásica*, sin voz. "Aprendimos a susurrar casi sin hacer ruido." La castración ancla la posibilidad de acceder al orden simbólico. Un constructo de mujer que no piense, que no hable, que no escriba, en suma, que se *salve* a través de su función reproductora.

> Nos inclinamos un poco hacia él, como limaduras de hierro que reaccionan ante su magnetismo. El tiene algo que nosotros no tenemos, tiene la palabra. Cómo la malgastábamos en otros tiempos. (p. 83)

La escritura es falo, es poder. Lo vedado, lo pecaminoso, no aparece solamente en la productividad de un discurso religioso que clausura toda vía de conexión entre cuerpo y placer sino que, además, surge desde una concepción del lenguaje como atributo exclusivo (y esencialmente) masculino.

El Comandante posee la pluma, en un sentido literal y también simbólico. Y como tal se erige en objeto de deseo:

> Percibo la sensualidad de la pluma entre mis dedos, casi como si estuviera viva. (p. 174)

"Es en y por el lenguaje que el hombre se constituye como sujeto, porque el lenguaje solo funda en realidad, en su realidad que es la del ser, el concepto de ego."[10] Si bien estas palabras de Émile Benveniste no han sido enunciadas desde patrones sexuales ni políticos, me resultan útiles para pensar lo que aquí se está discutiendo.

Desde esta perspectiva, abordar una lectura de la génesis de un sujeto femenino conduce, también, a plantear una teoría del discurso desde un marco epistemológico diferente del de la lingüística. Tal es el caso del concepto de *grupo enmudecido*, postulado por los antropólogos Shirley y Edwin Ardener. Esta taxonomía intenta mostrar cómo la mujer es percibida por el espejo distorsionador del androcentrismo y cómo el silencio es central para comprender el papel femenino en la historia de la cultura. "Aprendimos a susurrar casi sin hacer ruido", desliza Defred en el inicio.

Que *El cuento de la criada* presenta una estratificación social rígida y que, en consecuencia, todos los individuos se ven parcelados en su libertad, es una comprobación obvia. Sin embargo, la mujer, desde el yo de la protagonista, es quien aparece como el grupo que, desde el sexo, ve recortadas en mayor medida sus posibilidades de existencia.

Porque, en suma, de eso estamos hablando: de existir. Y la circulación de un mito, el del sujeto no parlante, apunta a legitimar la ausencia, la no existencia de un alguien que no llega a fundarse como tal.

Situado en un paradigma teórico distinto del de Benveniste, Jacques Lacan, a partir de sus agudas reelecturas de la teoría freudiana, postula el estadio del espejo, un momento clave en el análisis de la configuración del sujeto. Metáfora brillante que describe esta cuestión, el hecho de que sea indispensable el "bautismo" del padre (del falo) para que el yo pueda cruzar el puente y acceder al lenguaje.

La novela de Margaret Atwood poetiza la imposibilidad del pasaje, la trama que apunta a construir un no-sujeto desde el sexo, la anatomía como destino, no obstante, la crucifixión se torna, en el valor del testimonio, en una apuesta a la resistencia de la captura.

Otra de las vías que conducen a la paulatina liquidación de la subjetividad tiene que ver con la *forclusión del principio del placer*. Conectado con la imagen de un sujeto fragmentado, amputado, la anestesia de los sentidos, la insensibilización de sus capacidades,

10.   Émile Benveniste, *Problemas de lingüística general*, México, Siglo XXI, 1976.

genera, en definitiva, esta pérdida, esta minusvalía en el tránsito por la vida:

> Ayudaría a Rita a hacer el pan, hundiendo las manos en esa blanda y resistente calidez que se parece tanto a la carne. Me muero por tocar algo, algo que no sea tela ni madera. Me muero por cometer el acto de tocar. (p. 13)

La trayectoria del deseo circula en dos planos. Por un lado, jugar al *scrabble*, la lectura de una revista o de una inscripción en la pared, contar una historia, la pluma del Comandante como clave de la escritura, son prácticas relacionadas con el uso, el derecho de penetrar y jugar con el lenguaje, bien simbólico que obviamente es un atributo masculino.

> Clavé la mirada en la revista, mientras él la balanceaba delante de mí como si se tratara de un anzuelo, y la deseé. La deseé con tanta fuerza que sentí dolor en las puntas de los dedos. (p. 143)

Abordar este espacio, el lugar de la cultura, saborear el deleite de la conquista de un coto prohibido gracias a la eficacia de las trampas esencialistas, hacer tambalear algunos de los mitos cristalizados en el discurso del régimen, tales serían los efectos devastadores de este coqueteo con el lenguaje.

Ahora bien, otra instancia —que canónicamente se relaciona con el placer— tiene que ver con la actualización de lo sensorial:

> A pesar de mí, me imagino cómo debe de oler: no a chamusquina, sino a piel bronceada, húmeda bajo el sol e impregnada de humo de cigarrillo. (p. 20)

Fuegos de artificio en la tierra monocorde de Gilead, una *semiosis de lo pulsional*, de lo preverbal, inaugura un itinerario que resiste a la despersonalización.

Aunque la mirada, una suerte de espada fálica en su potencialidad de penetración (recordemos la voz de la tía Lydia que denuncia el peligro de esta "clase de penetración") es vista como un sentido devaluado desde la perspectiva de lo femenino, emergen otras zonas en las que explota el deseo.

Trazar una cartografía del placer a partir de las rutas demarcadas por el olfato y el tacto. Sentidos que hablan de una historia diferente, de un ayer en el que Defred era dueña de otros espacios, podía vincularse con las personas libremente; podía, también, elegir cuándo, cómo y con quién asumir la función materna:

> La cocina huele a levadura, un olor impregnado de nostalgia. Me recuerda otras cocinas, cocinas que fueron mías. Huele a madre, aunque mi madre no hacía pan. Huele a mí, hace tiempo, cuando yo era madre. (p. 45)

El olor de este lugar, la cocina, opera metonímicamente puesto que apunta a la búsqueda del significante originario. La cuestión de lo materno es formulada desde una relación ternaria y genealógica en la que el sujeto se erige en objeto del deseo (en tanto madre) y se asume, también, como sujeto deseante (en el papel de hija). El olfato es un disparador que recupera esta dimensión ausente.

La nostalgia, maquillaje del pasado, convoca esta especie de paraíso perdido en el que el sujeto gozaba de un libertad *para sí*. Ahora, pura inmanencia, incrustada en la naturaleza, le es adjudicada una libertad *de algo*, racionamiento en la esfera de las sensaciones, de las facultades, de la relación con los demás seres.

La obturación del placer transita no sólo el orden imaginario puesto que provee las pulsiones básicas sino que horada otro registro, el simbólico, una conquista reciente en la historia de las mujeres pensada desde la taxonomía del género.

La cuestión del nombre

> Aquellos que tienen el poder de poner nombres a las cosas tienen la posibilidad de influir en la realidad.
>
> Kramarae

Inscriptos deliberadamente en el campo de la filosofía del lenguaje, en íntima conexión con lo que venimos diciendo, quiero detenerme en un asunto particularmente significativo por cuanto condensa una de las operaciones claves en el proceso de invisibilización de lo diverso: *la cuestión del nombre propio.*

Imponer nombres sería una manifestación de la voluntad de ejercer el poder, actuaría como un dispositivo capaz de regular y organizar la realidad mediante categorías bien definidas. Este deseo de crear un orden, de fundar un sistema, se observa con nitidez en la nominación de las principales funciones del régimen. Los ojos de Dios, los ángeles de la luz, los guardianes de la fe, son algunas de las formas elegidas por la casta dominante para autoproclamarse portadora de la verdad.

La elección de estos nombres no es casual, como tampoco lo es la manera en la que alude a un ritual llamado "Salvamento", cuya finalidad central es proveer la catarsis de la especie al descuartizar a un hombre que ha traicionado el sistema, o la denominada "Ceremonia", es decir, el día en el cual el Comandante debe cumplir con su función reproductora y deposita la "semilla" en el recipiente de la Criada. El procedimiento de la ironía trabaja con eficacia, desgarra las vestiduras del falologocentrismo.

Si bien la textualidad toda se configura desde una matriz semántica que trabaja en la elipsis, en el blanco que va más allá de la grafía aparece un lugar, un territorio donde se cristaliza el símbolo:

> Mi nombre es Defred, tengo otro nombre, un nombre que ahora nadie menciona porque está prohibido [...] Guardo este nombre como algo secreto, como un tesoro que algún día desenterraré. Pienso en él como si estuviera sepultado. Está rodeado de un aura, como un amuleto, como un sortilegio que ha sobrevivido a un pasado inimaginablemente lejano. Por la noche me acuesto en mi cama individual, cierro los ojos, y el *nombre* flota exactamente allí, detrás de mis ojos, fuera del alcance, resplandeciendo en la oscuridad. (pp. 78-79)

Más allá de las teorías lingüísticas en las que el nombre propio es visto desde una función eminentemente denotativa, aquí este asunto adquiere una significación particular.

De las tres facultades peculiares postuladas por Roland Barthes[11] me parece muy productiva la que él denomina "el poder de esencialización" del nombre propio. La pérdida del nombre articula un punto crucial en la historia, construye un antes y un después en la vida de

---

11.   "Proust y los nombres", en *El grado cero de la escritura. Nuevos ensayos críticos*, México, Siglo XXI, 1972.

la protagonista. En este "cuento", pura oralidad, enunciado desde un tono introspectivo que, por momentos, recuerda el estilo del diario íntimo, el yo habla de lo que sucede y, paradójicamente, mantiene en la sombra la cuestión del nombre.

Defred es el artificio lingüístico, el disfraz que sirve para mostrar el estatuto de mercancía de la mujer como pertenencia del hombre. La preposición "de" y el nombre propio "Fred" producen este espacio de la innominada, de la que ha sido expulsada del orden simbólico.

Nombrar es dar vida. El exilio del nombre propio conjura el vaciamiento de la subjetividad. En este tránsito en el que, paulatinamente, el individuo va adquiriendo la categoría de cosa, el despojo del nombre es el pasaporte que lo empuja a otra categoría antropológica.

Ese nuevo *locus*, la abyección, sitúa a quien camina por el margen, a quien no tiene otra posibilidad que la de existir en tanto desprovista de voz, de nombre, en suma, de identidad.

El adveniniento del hijo: completud, sutura, salvación

> El cristianismo es indudablemente la construcción simbólica más refinada en la que la feminidad, en la medida en que se transparenta y se transparenta sin cesar, se restringe a lo maternal.
>
> Julia Kristeva

Si hemos asistido a la descripción de los procedimientos que coadyuvan a un satisfactorio desmantelamiento del sujeto, descuartizamiento efectuado desde la voz del padre celestial, me interesa, en esta instancia, detenerme en la travesía inversa.

¿Cuáles serían los presupuestos epistemológicos que tal operación transporta? ¿Qué teología se esconde tras la puesta en escena que se le tiende a un ser devenido cosa?

> Rezábamos por la vacuidad, para hacernos dignas de ser llenadas: de gracia, de amor, de abnegación, de semen y niños [...] ¡Oh Dios!, destrúyeme. Hazme fértil. Mortifica mi carne para que pueda multiplicarme. Permite que me realice. (p. 180)

Mujer: la no-toda, la incompleta, la inacabada, la que debe ser llenada. La inscripción en la falta, en la carencia en relación con el paradigma masculino, recorre formaciones discursivas provenientes de esferas distintas.

Si el discurso médico de la antigüedad (Hipócrates, Galeno) piensa el cuerpo femenino como una falla, como una atrofia en relación con el hombre, el cristianismo continúa esa mirada y cincela un nuevo refinamiento en la figura de la culpa, hija del mal. Eva, la primera pecadora, se reencarna en cada mujer, quien necesitará ser salvada por la única gracia posible: el hijo.

El psicoanálisis, desde los escritos fundacionales de Sigmund Freud, reafirmará esta fórmula "redentora":

> La situación femenina sólo se establece cuando el deseo del pene se sustituye por el deseo del hijo. [Se refiere al hijo varón.][12]

Capturada en la envidia del órgano masculino, la mujer intentará remontar esta minusvalía de constitución orgánica en una especie de suplemento donado por el hombre.

A partir de la eficacia de esta conceptualización generada desde la falacia biologista, el individuo podrá tener cierta "densidad" en el imaginario si cumple satisfactoriamente con esta ley. Mandato que —desde lo religioso—asegura el orden social.

Esta preceptiva en torno de la circulación de los cuerpos femeninos se efectúa desde la obturación del placer. Placer que, en todo caso, si existiera estaría fuertemente vinculado al dolor. Destrucción, mortificación, sufrimiento, palabras ahítas de un componente masoquista.[13] La mujer se "realiza" en la autoconciencia de su culpa originaria, el no ser hombre, y en la posibilidad de reparar esa falta en la procreación de un hijo varón.

El acto sexual reducido a la fecundación, vaciado de cualquier

---

12. *La feminidad*, en *Obras completas*, Vol. XXII, p. 119.

13. "Las reglas sociales y su propia constitución obligan a la mujer a reprimir sus instintos agresivos, a partir de lo cual se constituyen tendencias fuertemente *masoquistas* que logran erotizar las tendencias destructivas dirigidas hacia el propio interior. El masoquismo es, entonces, tal como lo hemos dicho, *específicamente femenino*." Sigmund Freud, "Pegan a un niño", en *Obras completas*, Vol. 17.

ingrediente erótico, conlleva el borramiento de un sujeto indigno que sólo adquiere estatuto existencial, político y religioso en la medida que pueda llevar a cabo satisfactoriamente su papel de instrumento en beneficio del "bien común".

El cuerpo y sus posibilidades: ¿jaula o liberación?

> Ideas about the body are fundamental to how women conceptualize their situation in society; but there can be no expression of the body wich is unmediated by linguistic, social and literary structures.
>
> ELAINE SHOWALTER

Maldito desde siempre, estigma que se remonta al paraíso perdido, llamado por Freud "continente negro", el tema del cuerpo femenino ha dado origen a numerosos debates.

Sin caer en un reduccionismo esencializador ni en la apelación a modelos derivados de la biología, ni tampoco en las garras autistas del sujeto cartesiano que ha perdido pie y se ha roto en cientos de pedazos, intento dar cuenta de cómo esta novela de Margaret Atwood articula este asunto fundamental en los escritos producidos dentro del campo del psicoanálisis y en el marco epistemológico de las teorías feministas. Propuestas varias, instrumentos críticos que —como es bien sabido— se inscriben dentro del descentramiento del sujeto a partir de lo que se ha dado en llamar la condición de lo posmoderno.

Si la premisa es, entonces, *historizar* la entelequia trascendental de la modernidad, dotarla de un sexismo que socave la episteme de lo mismo, el *cuerpo* aparece como una de las vías que hace la diferencia. Volvamos a la ficción, ¿Cómo funciona esta problemática en el devenir de la textualidad? ¿Qué vínculo se establece entre el yo y su cuerpo? ¿Qué significados se anudan en este único significante? Entiendo que el cuerpo es la matriz que genera una multivocidad de sentidos posibles en torno de la construcción de un sujeto femenino desde él y desde los otros.

Resulta conveniente ordenar de alguna forma los diferentes registros que aparecen sobre este asunto; por lo tanto, me referiré a *cuatro modalidades* en las que se proyecta esta *escritura del cuerpo*.

La primera actúa en un plano estrictamente físico, es decir, apela a la materialidad propiamente dicha.

> Evito mirar mi cuerpo, no tanto porque sea algo vergonzoso o impúdico, sino porque no quiero verlo. No quiero mirar algo que me determina tan absolutamente. (p. 60)

La percepción de este soporte, de esta envoltura que condiciona la forma en la que el ser acontece en el mundo, constituye un acto *gnoseológico*. Movimiento que dibuja una trayectoria desde el interior hacia el exterior, torsión del ente que localiza, en la meta final, un determinismo biológico, espacio-jaula imposible de esquivar.

El sesgo organicista de esta mirada se resuelve en dos posibilidades que se entrecruzan pero que, consideradas en su semántica, emergen en forma independiente:

1. el cuerpo como objeto, y
2. el cuerpo fragmentado y reducido a su función reproductora.

> Ahora el cuerpo se las arregla por sí mismo de un modo diferente. Soy una nube solidificada alrededor de *un objeto central*, en forma de pera, que es patente y más real que yo y brilla en toda su rojez dentro de su envoltura traslúcida. En el interior hay un espacio inmenso, oscuro y curvo como el cielo nocturno, pero rojo en lugar de negro [...] Todos los meses aparece una luna gigantesca, redonda y profunda como un presagio. Culmina, se detiene, continúa y se oculta de la vista, y siento que la desesperación se apodera de mí como un hambre voraz. Sentir ese vacío una y otra vez. Oigo mi corazón, ola tras ola, salada y roja, incesantemente, marcando el tiempo. (p. 70)

La operación que corta privilegia una zona. De ahí que asistamos a un procedimiento de exclusión en segundo grado. El primer paso se realiza cuando la protagonista es despojada de su estatuto de sujeto y enunciada como objeto, como recipiente, como sujeto afásico sin posibilidad de manipular ni producir bienes en el orden simbólico. Luego se lleva a cabo otra operación por la que se exhibe la fragmentación de la cosa y la puesta en escena del cuerpo-útero. La sinécdoque, entonces, actúa y coloca cada vez más lejos la posibilidad de una individualidad.

Si antes me he referido a la articulación de una semiótica del vestido, de los gestos, de los colores que pautaban el decorado de este régimen social, también me interesa dar cuenta de la importancia del color rojo al connotar otro espacio, un espacio privado que se relaciona con un tiempo distinto. Tiempo biológico, tiempo del cuerpo entendido como pura naturaleza que no puede ser domesticado, ritmo interior que resiste ser capturado, ajeno a otra teleología que no sea su propia especificidad.

Esta situación de extrañamiento en torno del cuerpo se delinea desde el sujeto —como ya he dicho— y desde la trama vigilante y normativa de los otros.

Una segunda forma en la que aparece la escritura del cuerpo tiene que ver con el orden *imaginario*:

> Me sumerjo en mi cuerpo como en una ciénaga en la que sólo yo sé guardar el equilibrio. Es un terreno movedizo, mi territorio. Me convierto en la tierra en la que apoyo la oreja para escuchar los rumores del futuro. Cada punzada, cada murmullo de ligero dolor, ondas de materia desprendida, hinchazones y contracciones del tejido, secreciones de la carne: todos éstos son signos, son las cosas de las que necesito *saber* algo. (p. 70)

Reservorio pulsional, semiosis ahíta de percepciones que exploran el territorio de la carne, la trayectoria en el cuerpo genera el acceso a un *saber-otro*. Conocimiento que circula en un *locus* diferente del de los espacios exteriores. Saber de la interioridad, vínculo especial que la mujer establece con su cuerpo, *saber-poder* específico que no le puede ser quitado.

Esta sabiduría de los sentidos se conecta con lo que he llamado anteriormente una *cartografía del placer*. Es la puesta en escena del deseo. Aventurarse por este viaje interior, por esta embriaguez de las sensaciones, posibilita el reencuentro con el yo perdido. A través del otro, el sujeto recupera una dimensión en la que es en plenitud:

> Siento que la vida late en mi piel, otra vez, los brazos alrededor de él, como si cayera al agua suavemente, sin encontrar el fin. (p. 243)

Parábola del deseo que atraviesa la figura de Nick y que

también se cristaliza en la nostalgia por la hija ausente. La función materna se anuda a la emergencia del deseo, al imperio de los sentimientos. Se infiere, por lo tanto, que la novela propone dos maneras de acercarse al acontecimiento de la maternidad. Ya he analizado la que deviene del mandato religioso y social. Sin embargo, aquí se valoriza este hecho como una elección en la vida de Defred, se constituye con relación al ejercicio de la libertad.

Una tercera modalidad en la que el cuerpo es dicho en el texto se vincula con la apuesta más fuerte que realiza esta praxis escritural. Territorio devastado, espacio de luchas, de sometimientos y reivindicaciones, la corporalidad deviene en *dispositivo ideológico*:

> Cada vez que la mujer intente negociar una situación de poder, pondrá en juego su cuerpo, único poder que ella y la cultura entera le reconoce.[14]

Poner en juego el cuerpo significa, también, *vaciarlo* de subjetividad, de densidad y sustraerlo al goce. La criada, instrumento de procreación, realiza esta operación de escisión del yo. Fragmentación del cuerpo en tanto no interesa otro espacio, espacio que no sea el que debe ser llenado, fragmentación de la individualidad que debe atrincherarse en algún intersticio del ser que amortigüe el impacto de su condición de cosa.

Por último, arribamos a un registro que, dentro del desarrollo de la textualidad, proyecta el plano *poético*. Si bien existe, por momentos, una erotización de la escritura que se hace visible, es en relación con el cuerpo y con la carga pulsional desplegado por éste que quiero recortar una imagen que condensa el conflicto en torno de la identidad de lo femenino que atraviesa el texto:

> Los tulipanes están más rojos que nunca, abiertos, ahora no parecen copas sino cálices; es como si elevaran por sí solos, ¿pero con qué fin? Después de todo, están vacíos. (p. 43)

---

14. Emilce Dio-Bleichmar, "Los pies de la ley en el deseo femenino", en A.M. Fernández (comp.), *Las mujeres en la imaginación colectiva. Una historia de discriminaciones y resistencias*, Buenos Aires, Paidós, 1993, p. 144.

La metáfora plantea el desgarramiento, la sensación de fragilidad, de precariedad de este yo, de este ser que asume el exilio de una condición.

El mandato de Eros:
su influencia en el acontecer de la feminidad

> Intentar una genealogía de lo femenino es rastrear también en dos conceptos parejos: el sexo y el amor, es a través de ellos que el varón, detentador del discurso, viene a tropezar con un obstáculo, la mujer.
>
> Rosa María Rodríguez Magda

En los umbrales de nuestra cultura, en los tiempos de Platón, el amor en su expresión más sublime era un sentimiento reservado a los iguales, es decir, a los *pater*, a los varones. La *paideia* griega enaltece precisamente este vínculo especial que, desde un terreno erótico, inicia al adolescente en la formación de un alma virtuosa. El deseo, entonces, en su grado más significativo se torna un patrimonio exclusivamente masculino y la mujer es... *pura ausencia.*

Recién en la Edad Media, a partir de un revolucionario movimiento literario-ideológico, la poesía trovadoresca junto a sus espacios institucionales (conventos, cortes de amor) crea un lugar para la mujer, quien deviene en *objeto y sujeto del deseo*. Surge, así, el concepto de *dama*, y la preceptiva, las reglas en torno del amor que todavía siguen vigentes en nuestro imaginario.

¿Cuál es el sentido de este viaje a través de la historia del género? ¿Es lícito plantear esta tríada —*amor, sexo, deseo*— en relación con la configuración de la subjetividad femenina?

El cuento de la criada transmite un relato de privaciones, de pérdidas, de despojamientos, de ausencias. Describimos el desmantelamiento del individuo, la paulatina liquidación del yo; no obstante, en el final, se produce una grieta significativa. Esta fisura es la presencia de Nick. El llamado del deseo, del amor, desafía la maquinaria vigilante y represora de Gilead. Este gesto de resistencia se escribe en el cuerpo, estalla en la letra, deconstruye los patrones culturales del régimen.

Elemento estructurante propio de la matriz narrativa del romance o de los cuentos de hadas, el amado, aquél quien también juega el papel del salvador, recupera cristalizaciones de lo masculino dominantes en nuestra tradición. ¿Por qué, entonces, en un texto tan desestabilizador surge —desde los componentes semánticos y formales— un actante que pareciera hacernos retroceder a un tiempo que se intenta exorcizar?

La pregunta no es trivial. Supone un punto de inflexión, una encrucijada, un lugar que marca precisamente la disyunción. Disyunción que invita a ciertos peligros. Caer en una feroz gineceocracia, quemar los sostenes, parecieran ser horizontes ya transitados.

Conclusiones

> What is theoretically innovative, and politically crucial, is the need to think beyond narratives of originarity and initial subjetivities and to focus on those moments processes that are produced in the articulation of cultural differences. These "in-between" spaces provide the terrain elaborating strategies of selfhood —singular or communal— that initiate new signs of identity, and innovative sites of collaboration, and constentation, in the act of defining the idea of society itself.
>
> HOMI K. BHABHA

Si bien esta novela presenta marcas o huellas que dan cuenta de la constitución de un sujeto textual *femenino* que opera a partir de las estrategias formales y epistemológicas ya analizadas, me interesa situarme en otro punto de la ficción.

Gilead, espacio utópico, metáfora de la xenofobia falocéntrica de la cultura de Occidente, foco multiplicador de los discursos que, desde la episteme de lo mismo, han generado a priori cristalizadores de la dicotomía hombre/mujer, apunta a una revisión de los patrones culturales que va más allá de la cuestión de la mujer, de la reivindicación, el intento panfletario de hacer *presente* la ausencia de un sujeto: el femenino.

En el nivel de la historia, la figura del Comandante resulta sumamente sugestiva para apoyar esta reflexión. Detentador de la ley, del poder entendido desde una concepción jurídica y política tradicional, es quien ejerce el acto de mayor provocación al régimen. Transgrede los reglamentos, manifiesta la necesidad de procurarse un lugar, un tiempo para conectarse con el placer, placer generado desde el ejercicio de una sexualidad (no del sexo) en relación con un otro-sujeto.

El Comandante: una grieta en la centralidad. El poder no se representa en un todo homogéneo autosuficiente, instaurador de la verdad. Leer, jugar al *scrabble*, hacer el amor, hablar, son acciones que sugieren la relativización de lo absoluto, el intento de inyectar sangre, olor, miradas al acartonamiento de la ley, al vértice de la pirámide. Deconstruir las imágenes de lo femenino y *también* de lo masculino que circulan como vestales de la verdad: tal es la trayectoria textual.

Este abordaje crítico me ha llevado a transitar por un territorio devastado, minado; he presenciado el derrocamiento de conceptos totémicos adorados por generaciones diferentes. Evito fijarme en esta imagen de ruinas y desolación para situarme en otro lugar.

La estrategia —y hago mías las palabras de Bhabha— consistirá en buscar "nuevas señales (marcas) de identidad y lugares de colaboración y apelación" para construir modelos alternativos de sociedad.

Quizá la validez de la propuesta del texto resida en este trabajo de demolición, de reformulación antropocéntrica (pido disculpas por hacer visibles las trampas esencialistas de la lengua), que me permite, desde el páramo, *tomar conciencia, reflexionar* y *colocarme* en otro sitio que me lleve a vincularme de manera más rica con lo humano.

Dios ha muerto. El ocaso de los dioses anuncia también la muerte del hombre. Ya asistimos al entierro. Es hora de la reconstrucción.

Más allá del género

Una escritura que socava sus
condiciones de posibilidad

Sandra Jara

Uno de los problemas cruciales dentro de los márgenes del pensamiento contemporáneo consiste en indagar la cuestión del *sujeto* en lo que respecta a su construcción o, más precisamente, a su deconstrucción, si se lo piensa en términos de *sujeto cartesiano*. En tal sentido, creo que este problema puede ser mirado como la punta de lanza que ha iniciado el debate sobre la posmodernidad, dado que —más allá de las diferentes evaluaciones que ha merecido la pertinencia del concepto— no puede negarse que estamos ante una época de transformaciones que nos obliga a pensar nuevamente al sujeto desde su condición filosófica, social, cultural, histórica y psicoanalítica.

En rigor, puede decirse que el pensamiento posmoderno ha hecho tambalear el edificio conceptual de la modernidad y, en este sentido, aunque parece inevitable seguir utilizando el concepto *sujeto*, entiendo que lo productivo de este pensamiento radica en la puesta en crisis de éste, legitimado por una época metafísico-historicista. Dentro de este contexto, desde muchas disciplinas han surgido estudios sobre la mujer que intentaron determinar los alcances de la *subjetividad femenina*, dejando de lado las posiciones esencialistas, jerárquicas y binarias.

Estos estudios han realizado aportes fundamentales respecto de la experiencia histórica, cultural y psicoanalítica de las mujeres; no obstante, opino que ciertas conceptualizaciones, hoy por hoy, resultan, al menos, inestables e inseguras si con ellas se pretende regular universalmente la subjetividad femenina. Al respecto, considero que tanto el sujeto como lo femenino son construcciones teóricas cuya interrelación se vuelve problemática según el punto de análisis desde el que se las aborde.

El propósito de este artículo es observar la construcción de la subjetividad en tres textos escritos por narradoras argentinas. Me refiero a *En estado de memoria* de Tununa Mercado, *La ingratitud* de Matilde Sánchez y *La rompiente* de Reina Roffé.[1] Este recorte textual tiene su fundamentación, en términos generales, en las siguientes coincidencias: se trata de textos que comparten el momento de su producción; se concentran en la problematización de la experiencia del *exilio* y, por último, los personajes son *mujeres escritoras*. Más allá de estas coincidencias, me interesó abordarlos en conjunto debido a que permiten observar la construcción de la subjetividad desde la puesta en escena de enunciados autorreflexivos, marcados por una fuerte preocupación ontológica y, al mismo tiempo, envueltos en una zona de silencio que dice siempre más de lo que los textos dicen. Por otra parte, ponen al descubierto la dislocación del *yo* entendido como un lugar seguro, estable y pleno de sentido, descubriendo también, de este modo, la indecibilidad de un sujeto que, en el *deseo* de un conocimiento de sí —que se transforma, al mismo tiempo, en la búsqueda de su *deseo*—, se afirma y se niega como resultante de un proceso social y cultural, es decir, semiótico.[2]

En tal sentido creo que en estos textos la construcción de la subjetividad abre paso a una serie de preguntas respecto de la interrelación de los conceptos a los que hice referencia antes; es decir, nos conduce a reflexionar sobre el vínculo que puede establecerse entre el *sujeto* y lo *femenino*. En principio, algunos interrogantes pueden plantearse de la siguiente manera: ¿es posible articular el concepto de lo femenino más allá del orden simbólico, culturalizado, en el que se inscribe el sujeto?; por otra parte, ¿hasta qué punto, entonces, los textos de estas narradoras van construyendo una subjetividad *femenina*?; y, por último, ¿en qué medida se puede afirmar la existencia de una *escritura femenina* —concepto postulado por ciertas teorizaciones feministas—? La trayectoria que sigue este trabajo intentará dar algunas respuestas a estos interrogantes.

---

1. Tununa Mercado, *En estado de memoria*, Buenos Aires, Ada Korn, 1990; Matilde Sánchez, *La ingratitud*, Buenos Aires, Ada Korn, 1990, y Reina Roffé, *La rompiente*, Buenos Aires, Puntosur, 1987. Todas las citas pertenecen a estas ediciones.

2. Acerca del marco teórico, me interesa señalar que este artículo asume y supone principalmente las formulaciones del pensamiento posestructuralista francés, el psicoanálisis lacaniano, así como también la teorización feminista contemporánea.

El otro exilio

Antes de entrar específicamente en la construcción de la subjetividad, en este punto me interesa reflexionar sobre las instancias a las que nos conduce el problema del exilio en *La rompiente*, en *En estado de memoria* y en *La ingratitud*. Estos textos coinciden en presentar el exilio político y geográfico como un acontecimiento que pone en marcha la crisis de la subjetividad. Por tal motivo, resulta difícil pensarlo estrictamente desde el punto de vista de su definición convencional, es decir, como un destierro. En rigor, creo que el exilio adquiere el estatuto de un *significante* que va atravesando diferentes zonas del ser y de la existencia y, por ello, deja de ser un tema central alrededor del cual se narran, exclusivamente, las circunstancias políticas e ideológicas de un momento histórico. Así, puede decirse que el exilio se va desplazando desde su sentido lógico, habitual, hacia instancias marginales y muestra, de este modo, una multiplicidad de sentidos. Dentro de este contexto, se puede afirmar que ocupa un papel estratégico en tanto lugar de condensación productiva desde el cual se opera un salto, una *puesta en abismo* que promueve la emergencia de *huellas* de otros lugares y de otros tiempos donde acaba por perderse la certidumbre de toda identidad.

1. En *La rompiente* se presenta el tema de la posibilidad de la *escritura* dentro del marco de un referente histórico centrado en la década del 70, época de persecuciones políticas e ideológicas en la Argentina. Época de silencios. La situación de *exilio* con la que comienza el texto, obviamente, evoca esta circunstancia histórica, pero, además, abre el camino hacia una línea de lectura que —sin excluirla— va más allá de ella. Es decir, el exilio ya no sólo refiere un momento histórico-político que lo pueda determinar como *otro* espacio geográfico marcando un *fuera-de-lugar*. La protagonista "No había llegado a una ciudad, sino a un estado mental" (p. 17). En rigor, aquí, no supone un lugar de *exterioridad* sino el de una dimensión que se constituye en una zona de tránsito, de pasaje, donde se juega una *rompiente* que —como veremos más adelante— borra la certeza de los límites precisos del espacio y de una subjetividad centrada en la estabilidad del *yo*. Se trataría, entonces, de ese lugar que en el texto se señala como "perfecto para personas sin raíces o asqueadas de la absurda entelequia de la identidad; un espacio intergaláctico que no

pertenece a ninguna parte" (p. 17). Ni adentro ni afuera; el exilio parece marcar el lugar de un no-lugar, el del intermedio, el del margen, el del entre.[3]

2.   Por el contrario, en *En estado de memoria* la experiencia del exilio adquiere la forma de la exterioridad dada como un espacio radicalmente *otro* que se impone al sujeto: primero Francia, después México, marcan el fuera-de-lugar; pero, paradójicamente, estos países, lugares seguros, en el plano del sentido expresan un *sin país,* fundan una relación de extranjería, de desamparo, de intemperie. Pero Tununa Mercado recorta otra instancia del exilio: la del tiempo. Es decir, no se piensa únicamente como un espacio o, si se quiere, como el lugar de un no-lugar. En este texto el *entre* está atravesado por un tiempo diferente que no respeta los límites de la cronología; más precisamente, el tiempo del exilio es un "sin tiempo [...] estancia sin estaciones" (p. 30) configurado por "un paréntesis que no cuenta en ningún devenir" (p. 29). El paréntesis revela una demora, una detención, una interrupción que subvierte el tiempo vulgar desviándolo de la linealidad segura descripta por el calendario, puesto que "el frío no llega, el presente nunca pasa al futuro" (p. 30). Desde esta perspectiva, el del exilio parece ser un tiempo que implica la *espera* donde el sujeto parece capturado y eternizado; tiempo que ni siquiera el retorno al país propio podrá deconstruir: "... uno se cree un poco tonto por creer que esos pequeños rituales de acomodamiento en el suelo argentino van a salvarnos del estruendo de la identidad perdida" (p. 38). En rigor, el del exilio parece ser un tiempo que se escapa de sus goznes, el tiempo-Aión del que habla Gilles Deleuze, eterno e instantáneo a la vez.[4]

3.   Siguiendo las teorizaciones de Jacques Derrida, en el transcurso de este trabajo me referiré al espacio del *entre* como ese lugar en el que se inscribe la lógica del himen. No obstante, ahora me interesa precisar que este espacio marca un lugar que no tiene ningún sentido pleno en sí mismo, que escapa a la cadena de oposiciones metafísicas, por lo que adquiere el carácter de un intervalo, de un lugar que no existe, de ficción, de simulacro que no tiene una esencia determinada; por ello, es el lugar de la *diseminación* que no explota el horizonte semántico de las palabras (en este caso, se trataría de la palabra *exilio*) sino que las hace estallar. (Cfr. Jacques Derrida, *La diseminación*, Madrid, Fundamentos, 1975, pp. 335 y ss.)

4.   El problema del tiempo, visto desde el acontecimiento del exilio en el texto de Tununa Mercado, puede pensarse a partir de la concepción del tiempo-Aión que postula Deleuze inspirado en la filosofía estoica. En rigor, se trata de un tiempo como pura

3.   En *La ingratitud* el exilio también marca un lugar de exterioridad: una ciudad de Alemania, Hardenberstrasse. Si, como hemos visto, Reina Roffé y Tununa Mercado presentan el acontecimiento del exilio desde una sensación de indeterminación girando en torno del espacio y del tiempo, en este caso Matilde Sánchez aborda el mismo acontecimiento planteando esa indeterminación desde otra instancia, la del mundo: "El mundo perdía los límites entre interior y exterior..." (p. 50). Asociado a esta afirmación, el efecto de indeterminación se traslada hacia los límites de la ciudad concreta para ir más allá de ellos e introducirnos en una dimensión diferente:

> Aunque suene estúpido (de hecho es no sólo estúpido sino también ridículo) *la sensación rotunda de irrealidad que me asaltó no bien llegué todavía perdura bajo diversas formas en mi pensamiento y se debe a la ciudad.* Si es preciso un ejemplo, aún no ha atardecido, en sus colores y siluetas el cielo conserva la falta de definición. (p. 135)

En cierto modo, la cita recorta un aspecto del exilio que se relaciona indirectamente con los que hemos tratado a propósito de *La rompiente* y de *En estado de memoria*. El espacio y el tiempo singular del exilio que vimos en estos textos, en *La ingratitud* parecen encontrar su marco en un ámbito extraño, el de la *irrealidad*. Dentro de este contexto, el problema de la construcción de la subjetividad puede mirarse desde otro lugar. Es decir, la experiencia del exilio se va correspondiendo analógicamente con la experiencia ("sensación") de salir de los goznes de la realidad determinando, en cierto sentido, un modo de existencia particular. Al mismo tiempo, como veremos, estas experiencias se enlazan con la de la identidad perdida que revela este texto.

4.   Para concluir, en este punto me interesa señalar que, al borde de un espacio lógico y de un tiempo lógico, en estos textos el exilio no se ajusta de un modo preciso a la dialéctica de un dentro-fuera, del centro-periferia, de un antes-después girando en torno de un presente

---

forma vacía, eterno e instantáneo; pero su instante es utópico, falta en su propio lugar, es una instancia paradójica que "pervierte el presente, el futuro y el pasado insistentes". (Cfr. Gilles Deleuze, *Lógica del sentido*, Barcelona, Paidós, 1989, pp. 172-173.)

absoluto. Es una dimensión fronteriza. Pero, también, es el punto de convergencia del *entre*, del *paréntesis* y de una *sensación de irrealidad*. En rigor, podría afirmarse que en estos textos leemos una situación de exilio que alcanza un orden diferente; un orden que, en un mismo instante, solicita y excluye la conceptualización tradicional del espacio, del tiempo y de la realidad; en definitiva, es un orden que parece escaparse de la *representación*. Es decir, el exilio marca un espacio, un tiempo, un modo de estar-en-el-mundo *diferente*. Y, en este sentido, es un significante que provoca una disyunción respecto de la dirección natural de una representación consistente en producir efectos de realidad. De algún modo, creo que podríamos afirmar que, en estos textos, emerge como una escenografía de envolvimiento que, más allá de proyectar el lugar de una experiencia de infortunios y de sufrimientos generados por el destierro, expresa una lógica de extrañamiento que, paradójicamente, funciona como el marco desde el cual va a articularse la construcción de la subjetividad.

Escribir(se)

La construcción de los textos propuestos presenta una serie de similitudes y de diferencias alrededor de un contexto marcado por la situación de exilio que, como hemos visto, no se satura en una conceptualización determinada por circunstancias histórico-políticas. Esta situación que instaura un más allá (o un más acá) de las relaciones dialécticas (se) construye en un espacio de escritura que trastorna la categoría de enunciación dando lugar, implícitamente, a una relación problemática entre escritura y representación o, más precisamente, entre escrituras del yo y representaciones del yo.

Desde esta perspectiva, me interesa señalar que la configuración de la subjetividad en estos textos gira en torno de una estructura quiasmática: si, por una parte, observamos el *deseo de escribir(se)* a partir del cual se inicia la búsqueda de una posible identidad, por otra nos encontramos ante el *escribir(se) del deseo* marcado por una trayectoria que va deconstruyendo esa posibilidad.

1.   En la novela de Matilde Sánchez el acontecimiento del *viaje* que marca el tema del exilio —no sólo de la protagonista sino también de

todos los personajes— adquiere un sentido particular: "Viaje como forma de iniciar una correspondencia" (p. 143). No obstante, el texto expone una suerte de deconstrucción del género epistolar en diferentes niveles. En principio, cabe señalar que —desde el punto de vista estructural— está dividido en tres partes; en la final —obviamente, haciendo referencia a la trayectoria de la correspondencia entre la protagonista y su padre— aparece un título: "La verdaderamente última". Sin embargo, esta última carta (¿dirigida a su padre? más adelante intentaré responder esta pregunta) no respeta las convenciones del género; es decir, no presenta a un destinatario definido por un nombre, ni una dirección, ni el saludo de cortesía final, sino apenas una fecha con la que concluye el texto: "1986". Por lo tanto, podría decirse que este título funciona, en principio, a la manera de un indicio que conduce a pensar todo el texto como una sucesión de cartas transgredidas en cuanto a su fórmula tradicional y, por otra parte, anticipa que "Se acerca, por lo demás, el fin del soliloquio..." (p. 149). Ahora bien, esta sucesión —que se presenta marcada por la *fragmentariedad* expuesta a partir del nivel gráfico (los espacios en blanco del papel, silencios que hablan de la interrupción de la correspondencia)— tampoco responde al trayecto convencional de las cartas donde los corresponsales son al menos dos, y nos introduce, de este modo, en la problemática de la representación y de la escritura que da lugar a un movimiento de deconstrucción-construcción de la subjetividad de la protagonista.

> Finalmente era la disyuntiva de los géneros. La diferencia entre las cartas: escribir para el otro o escribir para uno mismo. Los tonos distintos cuando uno debe contar forzosamente de tal o cual manera para ser oído, y el libre rumor de escribir para sí, en voz baja, como quien piensa. (p. 39)

Esta cita nos instala en una paradoja que recorre todo el texto. Por un lado, el *soliloquio*, modo de representación del yo, supone *escribir* para el *otro*-real y presente como ausencia; en este caso, para el padre de la protagonista, destinatario de las cartas (que por momentos se acercan al diario íntimo o a las memorias). Pero, por otro, en realidad, aquí el *solo hablado* efectúa un movimiento transgresivo respecto de la dialéctica yo/otro —reducido éste al estado de objeto— en tanto abre la posibilidad de iniciar el "viaje solitario" como una forma de escribir para uno mismo donde ese *uno mismo* es explorado, investigado y cuestionado: "... el viaje también iba a adquirir otro sentido para mí, dejaría de ser la huida arbitraria para convertirse en búsqueda" (p. 35). Hablar es oír(se) y escribir(se).

En rigor, en esta búsqueda el soliloquio que se materializa en el cuerpo de la escritura opera como una *línea de fuga* por la que se va desterritorializando[5] la categoría de sujeto donde el *yo* se sostiene como fundamento. Entonces, aparece otra forma de exilio en el que ya no se toma el viaje *real* como una referencia privilegiada que implica solamente la pérdida del propio país; es el exilio de una forma pronominal que lo defina. La posibilidad de encontrarse parece consistir, paradójicamente, en alejarse y perderse más allá de los límites de la identidad: "... era preciso salir de ese yo que me imponía en cada línea el tono lírico" (p. 35). Se trata de un exilio elegido que no olvida, sin embargo, el sentimiento de extranjería: "Creo estar deshaciéndome de mi propia historia para convertirme en alguien ajeno a sí mismo. Sí, sí, tal cosa es posible" (p. 121).

Sobre esta revelación del indefinido *alguien* el soliloquio de la protagonista —que al mismo tiempo suscita y exilia al yo de la escritura— va elaborándose a través del diferente juego de relaciones que se establece a partir de las figuraciones de la *alteridad*. Como he señalado antes, la presencia/ausencia del padre alcanza la categoría de *otro / objeto* en tanto supuesto destinatario de las "cartas de despedida", "cartas inconcebibles", "cartas irreconocibles". Objeto de una *comunicación* frustrada pero también de seducción y de sometimiento que, en última instancia, esconden una demanda de reconocimiento ("Sólo una intriga me haría digna: con ella podría atraparlo, seducirlo, someterlo a la espera", p. 38). Ahora bien, en su soliloquio la protagonista va describiendo características de otros exiliados: los mexicanos, la Polaca y el Turco, con quien mantenía una relación amorosa. Aunque comparte con todos ellos la situación de exilio, solamente con el Turco parece establecer una relación de identificación no objetable

---

5.   Acerca del movimiento de *desterritorialización,* véase Gilles Deleuze y Félix Guattari, *Rizoma,* México, Coyoacán, 1994. En relación con la construcción de la subjetividad me interesa aclarar que este movimiento —presente en los tres textos trabajados en este artículo— no está referido al código lingüístico sino más bien que es a partir de este mismo código desde el cual se va a regir la desterritorialización del concepto de sujeto.

que la lleva a decir "En realidad, yo soy otra turca" (p. 60). En principio, este otro pasa a convertirse en *otro yo mismo*, otro visto como un sujeto *representante* de la soledad y del silencio propios del exilio:

> ... él se había mostrado como el compañero ideal con quien aprender a estar sola. Quiero decir, su compañía siempre se me había presentado como un tránsito hacia la reclusión, la mudez, el total ocultamiento. (p. 52)

Si bien en la producción de la subjetividad aparecen estas relaciones dialécticas marcando una dimensión que aspira a configurar una *unidad,* por una necesidad de reconocimiento o por identificación, el soliloquio de la protagonista da cuenta de la presencia de un *otro* envuelto en la figura de una *voz* extraña al *yo:*

> El corresponsal —yo misma si es que lograba borrarme, convertir mi mano cierta que se desplaza trabajosamente de izquierda a derecha sobre el papel finlandés en la voz anónima que viene de algún lugar— llegaría a interesarse en la invención. (p. 35)

Pero esta voz llega desde un *afuera* que, paradójicamente remite a un *adentro* y no es confundida con el habla común; sin embargo, habla y con ella se establece *otro diálogo:* "La voz responde con apagados gemidos a mis preguntas; un abrupto ruido metálico pone fin a nuestra conversación" (p. 119). En cierto modo, se trata de una *voz silenciosa*[6] que adquiere la condición de lo extraño, de lo extranjero al yo, y no se somete a las formas del lenguaje articulado de la comunicación; no obstante, se hace escuchar como *falta* convocando el "programa de silencio" del personaje que desea exiliarse del yo para

---

6.   Sobre la *voz silenciosa* que aparece en el texto de Matilde Sánchez me remito a la definición que de ella hace Maurice Blanchot ubicándola en una instancia que se supone un más allá del sujeto y más allá del lenguaje: "La voz que habla sin palabra, silenciosamente, por el silencio del grito, tiende a ser, aun cuando fuese la más interior, tan sólo la voz de nadie: ¿quién habla cuando habla la voz? Aquello no se ubica en ninguna parte, ni en la naturaleza ni en la cultura, sino que se manifiesta en un espacio de redoblamiento, de eco y resonancia donde no es alguien, sino ese espacio desconocido [...] el que habla sin palabra" (Maurice Blanchot, *El diálogo inconcluso*, Caracas, Monte Ávila, 1970, p. 414).

poder *hablar* —fuera del orden del habla— de lo indecible ("Lamentable-
mente todo va ordenándose alrededor de uno... Esto quizá se deba,
sencillamente, a que somos seres parlantes. Por eso enmudecer es la
primera condición para permanecer al margen" (p. 98).

2.   En *La rompiente* la articulación de la subjetividad se corresponde funcionalmente con la pluralidad de fragmentos del entramado
textual marcado por diálogos imaginarios, cartas, un diario, la escritura de una novela, los recuerdos de la infancia que dan lugar a una
suerte de autobiografía. Fragmentos encadenados y heterogéneos
marcan una escritura *rizomática*[7] de la subjetividad capturada en la
inaprehensibilidad del *yo* y del *otro*, del *silencio* y del *lenguaje*, en los
que, no obstante, se inscriben los rastros de una experiencia particular
y diferenciada del cuerpo, de la sexualidad, de los sentimientos, de la
historia y de la literatura.

El proceso textual se organiza desde la perspectiva de la
ruptura del *yo*, entendido como un representante insuficiente que no
permite al sujeto nombrarse. Así, por un lado, se asume tanto la
pérdida y la búsqueda de una identidad como la pérdida y la búsqueda
de un lenguaje; y, por otro, como consecuencia, se deja abierta la
posibilidad de leer un texto cuya escritura no fija los márgenes entre
la *ficción* y la *realidad,* entre la literatura y la historia, sino, más bien,
los mezcla y los confunde para, en última instancia, destruirlos,
romperlos.

El exilio expresa la marca de un distanciamiento que en la
superficie textual se revela en la dimensión de una enunciación
confusa en la que el *yo,* paradójicamente, puede hacerse cargo de su
propia voz solamente exiliándose de sí mismo; es decir, a partir de la
construcción de un *otro imaginario* en el que puede enmascararse.
Esta construcción permite articular el *simulacro*[8] de un diálogo

---

7.   Cuando hablo de *escritura rizomática* respecto de la novela de Reina Roffé hago
referencia a que ella abre una multiplicidad de línea semánticas y de estratos de
formalización textual. Sobre el modelo del rizoma y la categoría de multiplicidad, véase
G. Deleuze y F. Guattari, *Rizoma*.

8.   Me refiero a la noción de *simulacro* tal como la entiende Deleuze; es decir, como
la afirmación de las máscaras sin una relación de dependencia respecto de un rostro
previo y original. (Cfr. Gilles Deleuze, *Diferencia y repetición*, Madrid, Júcar, 1988, p.
438.)

creando la ilusión de una enunciación compartida con *otro,* el que, sin embargo, se desenmascara y afirma: "Yo, simplemente, transcribo" (p. 28). Lo singular del *otro* en esta instancia textual parece dirigirse a cumplir una doble funcionalidad: por una parte, asume la función de transcribir la voz de la protagonista abriendo la posibilidad de romper "la violencia del silencio" (p. 28) convirtiéndose, de este modo, en el dispositivo que la convoca a *hablar* sobre su biografía, a leer y a comentar "una misma y única novela" (p. 28), a releer en voz alta su diario; por otro lado, deja entrever la presencia de la paradoja del silencio que consiste e insiste en dejarse oír *en y por* una voz extraña, extranjera, una *voz otra* que en ciertos momentos se somete a las *formas* de las palabras pero en otros aparece como una voz interior que revela un diálogo particular, *fuera* de las palabras:

> ¿Puede alguien saber cuál es el instante preciso en que explotará algunas de las minas con las que se va cargando? Dice —aun sabiendo que la voz interior sólo puede ser respondida por el eco. [...] ¿Es el eco una respuesta válida, acaso puede alcanzarle el sonido de su voz? (p. 115.)

En realidad, la construcción del *otro imaginario* jugando el papel de "interlocutor" es también una estrategia que sirve para proyectar el tema de la incomunicación asociado con el del exilio. Pero, nuevamente, no se trata del exilio real, geográfico, sino del exilio de las *palabras* en el que parece sumida la protagonista: "Signo, semiótica o gramática gestuales son modos de saludo, guiño, abrazo, que ya no sirven para comunicarme aquí, allá, en la superficie y en la hondura" (p. 24).

Las oposiciones yo/otro, palabras/silencio, parecen deconstruirse en la primera parte de *La rompiente* dentro del marco del conflicto de la subjetividad. En la segunda parte del texto, esta deconstrucción adquiere características particulares pues nos introduce en la cuestión del "abismo de una historia" (p. 29). Una historia: en principio, la de la novela que *escribe* la protagonista, pero también la "historia verdadera" que se inscribe en ella. En la escritura de la novela que la protagonista lee y comenta a su interlocutor imaginario se va develando un juego de desplazamientos de personajes y de situaciones que afirman esta inscripción. Así, asistimos a *otro exilio,* el de una escritura que no tiene lugar en los límites precisos que indicarían una separación estricta entre la ficción y la realidad, pero que circula entre ellos cortándolos, *rompiéndolos*. Ni autobiografía ni novela; en todo caso, una escritura fragmentaria en la que, paradójicamente, se condensan las huellas de lo autobiográfico y de lo ficcional.

Dentro de este marco, el problema de la enunciación vuelve a ser central para determinar los alcances de la configuración de la subjetividad. Ya no se trata de un *otro imaginario;* aquí, el *otro* emergente adopta una nueva máscara, la de un *personaje* cuya funcionalidad parece dirigirse a que el *yo* del sujeto escribiente pueda eclipsarse entre los márgenes de *otra voz.* Ahora bien, más allá de esta interpretación, me interesa señalar que este otro que aparece con categoría de personaje expresa, paradójicamente, la condición de posibilidad del *yo* de conectarse con la "verdadera historia".

Esta conexión se manifiesta de diferentes modos: en primer lugar —y desde el punto de vista del personaje creado—, se establece a partir de la cuestión del *nombre propio* que se revela en la última parte de la novela. En esta instancia textual, la posibilidad de nombrarse se da únicamente a través de *otro* nombre, un nombre falso, "Rahab", definida como "una experta en el arte de la simulación" (p. 46). Si, por una parte, este nombre funciona como un operador que permite establecer lazos de semejanzas entre el personaje bíblico —que *no habló* y simuló no saber dónde estaban los espías de David que fueron a Jericó— y la protagonista que (en la historia verdadera) durante una razzia en un bar salvó a un amigo de caer en manos de la policía, por otra y, al mismo tiempo, conecta a la protagonista —que, precisamente, decía desconocer su identidad— con el personaje creado por ella que se "relamía con la idea de ser una simple aparición" (p. 38). Ahora bien, en este caso —más allá de establecer posibles semejanzas—, la figuración de un nombre falso aparece como una estrategia para poner en escena el *simulacro* de una identidad, y da lugar a la emergencia de un *otro* configurado bajo la estructura del *fantasma* capaz de asegurar esos "estados de repetición" (p. 29) de los que habla la protagonista.[9]

9.   Se trataría de la *repetición* tal como es entendida por el pensamiento de Deleuze. Lejos de sustentar una lógica de lo mismo y de lo semejante, subordinada a las exigencias de la identidad, la repetición articula los acontecimientos que constituyen la *diferencia* y que van a determinar la relación entre el yo y el otro, entre la protagonista y el personaje creado por ella. Una relación que no alude a la categoría de semejanza sustentada por principios jerárquicos de original y derivado —que en este

Si bien la última parte del texto revela el *nombre verdadero*, no obstante, éste no parece asegurar la identidad. En realidad, ratifica su incertidumbre, puesto que el nombre propio es *no propio*, es el nombre de su abuela: *Ela*, personaje que, en principio, sirve para marcar una genealogía familiar condenada a una historia de persecuciones y exilios.

> La Ela ha mencionado su nombre, ha dicho cuánto ha de sufrir [...] Sugiere que la Ela estaba hablando de sí misma, ya que ambas llevan el mismo nombre. Sin embargo, es inquietante pensar que los demás hayan interpretado esas palabras como referidas a usted [...] La verdad es que se queda con la impresión de que la Ela, en un rapto de extrema lucidez, le ha profetizado un porvenir que teme poco dichoso. (p. 98)

Ahora bien, por similitud fónica podríamos pensar que este nombre nos acerca a la palabra *ella* conduciéndonos, de este modo, a un desplazamiento semántico donde *Ela* pasa a nombrar a *ella* que es *otra*. En rigor, opino que en este texto el homónimo va perdiendo su estatuto, recorre un itinerario en el que parece escaparse de esa posibilidad de repetir *lo mismo* para nombrar, en definitiva, una *diferencia*. En realidad, es un espacio que marca un punto de fuga a partir del cual se disemina, paradójicamente, el principio de identidad encasillado en él. Es decir, el nombre propio hecho homónimo ya no otorga una garantía de identidad, en todo caso se resiste a ella, la fisura, apunta a su indeterminación siendo evidente, entonces, que su inscripción en *La rompiente* pone de manifiesto una adecuación a la estructura de una *huella* donde se condensan no solamente el yo y la otra, sino también tiempos diferentes, lugares diferentes, sufrimientos, exilios y persecuciones diferentes.

3.   "Por lo demás, yo estoy destinado a perderme, definitivamente, y sólo algún instante de mí podrá sobrevivir en el otro [...] Así mi vida es una fuga y todo lo pierdo y todo es del olvido, o del otro. No sé cuál

---

texto podrían pensarse a partir de la ubicación de la protagonista (como original) y su personaje (como derivado)— sino, más bien, desde una relación que, en última instancia, deconstruye esta oposición para afirmar que la identidad no es más que otra máscara. (Cfr. Gilles Deleuze, *Diferencia y repetición*, pp. 70 y ss.)

de los dos escribe esta página." Esta cita del texto "Borges y yo" me
interesó para introducir el problema de la escritura autobiográfica
que presenta *En estado de memoria* de Tununa Mercado. Desde un
primer acercamiento, podemos observar que el texto respeta las
convenciones del género de las *memorias* ya que está narrado en
primera persona y evoca experiencias de una vida ocurridas en el
pasado. Asimismo, hay indicios formales que llevarían a pensar en el
carácter no ficcional de la obra; me refiero a la relación que se puede
establecer entre el título, los datos biográficos de la autora expuestos
en la solapa del libro, vinculados directamente con los hechos narra-
dos, y la cuestión del nombre propio que aparece en el mismo texto. Por
cierto, se podría marcar un lazo de *identidad* entre el yo textual y el
yo de la autora pensados uno, como sujeto del enunciado y, el otro,
como sujeto de la enunciación; no obstante, la escritura misma de
Tununa Mercado se encarga de deconstruir esta ilusión identificatoria
y lo hace, precisamente, desde la problematización del *yo* y de la
escritura.

Son esta cuestiones las que, en un primer nivel de análisis, nos
introducen en el horizonte de la *temporalidad* desde el cual puede
pensarse la categoría de sujeto en relación con el *estado de memoria*.
Esta relación puesta en juego en la superficie textual, en principio,
articula la emergencia de un *yo biográfico* instalado en un tiempo
pasado, el del exilio, recuperado por la memoria de un *yo* que se
configura en el tiempo presente de la escritura. Pero la memoria
depositada en el cuerpo de la letra va articulando un *tiempo de
repetición* que, además de revivir experiencias del pasado, marca la
coexistencia del pasado y del presente y da lugar a la creación de un
sujeto *diferente*; a la construcción de un *otro* inscripto en los márgenes
del sujeto textual. El tiempo de repetición, entonces, no puede circuns-
cribirse exclusivamente a encadenar y a poner en escena la *representación* de los *mismos* momentos del pasado porque es el tiempo de una
escritura o, más precisamente, el tiempo de la escritura de la memoria
que no se ajusta a los tramos sucesivos de una cronología dominada
por un sujeto que escribe. En todo caso, el sujeto que escribe va
ordenando en el papel lo que le dicta la escritura.

En el último de los relatos que componen este texto, "El muro",
Tununa Mercado reflexiona sobre la escritura:

Con caracteres pequeños, caligrafía desgarbada y desde el ángulo superior izquierdo empecé a escribir. La pluma rasgó la superficie y se adelantó, desde entonces, con un trazado incierto, produciendo pequeños cúmulos de textos. Se disparó en haces o se enroscó en eses [...]; como si el terror a la superficie ilimitada la condicionara, fue creando zonas de reserva, señuelos de referencia a los que podía volver si se perdía. El protocolo se fue llenando en varios sentidos, con textos y sobretextos en líneas y entrelíneas, dejando áreas vacías y configurando representaciones más allá de su propia pertinencia; la pluma se apoyaba sobre su punta o se deslizaba de canto, era punzón o gubia, sin prever de qué manera podía yo eludir el carácter efímero de sus incisiones. (p. 196.)

Con este fragmento casi final podría sintetizarse el largo recorrido de la memoria hecha escritura; de este modo, se predica la idea de la escritura que ha sido practicada y que ha dado lugar a la construcción de esos "pequeños cúmulos de textos" evocadores del exilio personal y colectivo, de los regresos al país propio, de las escenas de la infancia, de la experiencia de escribir, de la aparición de imágenes fantasmáticas, de sentimientos, percepciones, de "estados de indigencia", de "riesgo", de "intemperie", de "desvalimiento"; en fin, rastros y restos de la memoria que se instalan en la materialidad de la letra para dar cuerpo a una escritura que (de)enuncia una suerte de autonomía respecto del yo que escribe *yo*: "Durante el exilio escribí textos eróticos pero no porque buscara escribirlos: ellos se ponían sobre el papel y se encadenaban con bastante soltura, sin yo convocarlos" (p. 147). Se trata de una escritura que en un mismo gesto traza y borra el poder de la primera persona transgrediendo las leyes del género autobiográfico gobernado por el principio de identidad.[10] Se trata, en definitiva, de esas "incisiones" que van modelando un *otro*

---

10.   Vemos que el texto de Tununa Mercado remite a la deconstrucción del género autobiográfico desde la cuestión del *autor* en relación con su obra. Esta relación es problemática en la medida en que la autora afirma que no domina el texto. Sobre esta cuestión me parece interesante recordar la postura de Derrida, quien afirma: "Escribir es retirarse [...] Caer lejos del lenguaje de uno mismo, emanciparlo o desampararlo, dejarlo caminar solo y desprovisto. Dejar la palabra [...] Dejar la palabra es no estar ahí más que para cederle paso, para ser el elemento diáfano de su procesión: todo y nada" (Jacques Derrida, "Edmond Jabès y la cuestión del libro", en *La escritura y la diferencia*, Barcelona, Anthropos, 1989, pp. 96-97).

configurado como sujeto textual resistente a colocarse en la dimensión de un binarismo temporal establecido por los límites del pasado y el presente.

Dentro de este marco donde el yo escribiente se deconstruye a sí mismo, lejos de borrarse o anularse, se extravía en la búsqueda de un autorreconocimiento atravesando las zonas oscuras de la memoria para producir un sujeto en crisis, disuelto en un juego de máscaras pronominales. Varios de los relatos que componen *En estado de memoria* aluden a este juego de máscaras en el que el yo pierde su soberanía sobre el espacio de la subjetividad. Uno de ellos, más precisamente, el primero, revela un sentimiento de incertidumbre respecto del propio yo, sentimiento generado, en primer lugar, por una situación de exilio que no se *remedia* con el retorno al país. En este relato, "La enfermedad", se narran algunas de las experiencias con terapias psiquiátricas y psicoanalíticas y se crea una línea de sentido de la cual podemos inferir una asociación semántica entre los efectos que produce el exilio y los síntomas de la locura: "La persona [...]; busca, fundamentalmente, estar en un grupo, pertenecer a la grey, pensando, tal vez con razón, que esa pertenencia puede alejar de ella la locura o, por lo menos, la incertidumbre" (p. 21). La memoria va recogiendo un estado de enfermedad, la sensación de una no pertenencia, de una marginalidad en la que convergen el estado de exilio y el de locura; en rigor, es un estado marcado por una identidad que, en el deseo de encontrarse, surge perdida en el espacio incierto de un lenguaje que no puede otorgarle un lugar preciso. Identidad perdida, exiliada de sí misma, que avanza recorriendo el camino propuesto por ese juego de máscaras pronominales al que hice referencia antes, y da lugar al mismo tiempo a la construcción de la figura del *doble* materializada en la nominación lingüística como otra:

> ... y cuando llegué a casa estaba desdoblada, quería decir *yo* y decía *ella* y rogaba que volvieran a unirme, que me restituyeran al casillero del que provenía y en el que había estado hasta ese momento con tanta despreocupación como inconciencia; costó muchísimo volverme a mí, o sacarme de mí, una *otra* que entrevía y a la que no podía acceder y todavía *una otra más* que no me soltaba, sin saber yo distinguir entre la otra que había de ahuyentar y la mía que debía retener. (p. 17)

Evidentemente, la nominación pronominal que puede dar un

espacio al sujeto en el registro simbólico parece insuficiente porque, más allá de ella, la *otra* se insinúa como una figura fantasmática, actuante y deseante, ajena y propia a ese *yo* que va desplazándose y, en su movimiento, se repite lingüísticamente como *ella* para, en última instancia, desconocerse y reconocerse como *alteridad*. Interviene en el campo de tensiones de la subjetividad participando como dominante y dominada; por ello mismo, es imposible de delimitar.

En ciertos momentos, Tununa Mercado vuelve a presentar a la *otra* formalizándola de manera distinta. Podemos observar que en la *especie furtiva* adquiere la consistencia de una "imagen", de un "signo transeúnte" que es ubicado fuera del lenguaje articulado de las palabras. Aquí, la memoria salta a una escena de amor infantil donde el recuerdo de un "contacto" corporal, de una reunión de manos con otro niño, promueve la sensación de una "fusión" originando la emergencia de la especie furtiva sensible a la visión como un "resplandor extraño que lastimaba, curiosamente, con más dolor, a medida que se apagaba" (p. 96). Ni otra lingüística, ni otra real, esta especie es nuevamente la *otra* fantasmática, fantasma de fusión que se ve en circunstancias especiales de la vida narrada —en el regreso a la Argentina, en la cercanía de la muerte de alguien— y alcanza también la categoría de un *doble* cuya función no parece ser la de repetir una identidad sino marcar una diferencia. Aunque, en principio, esta figura es recreada textualmente como una imagen perceptible a los ojos, Tununa Mercado la completa otorgándole una característica particular. Es también una voz, una voz que resuena:

> La especie furtiva con desdoblamiento tiene una construcción discernible: una voz interior, levemente separada de la mía propia, formando una suerte de sonido aura a su alrededor, me dice, en una circunstancia inesperada, una verdad. A veces la dice mediante el recurso de la duda [...] Otras, de una manera directa y punzante... (p. 103)

Podemos ver que la construcción de la subjetividad presentada en este texto afirma y trasciende la relación dual yo/otro. En realidad, parece postular una estructura triádica descentrada donde sus términos —el yo (simbólico), el otro (real y necesario) y la especie furtiva (imaginaria)—, lejos de afirmar el principio de identidad, se fusionan para dar lugar al sujeto de la *diferencia*.

4.   En síntesis, creo que estos textos van trazando un mapa donde la subjetividad no sólo aparece exiliada del yo como fundamento sino también de la certidumbre de las palabras y hasta de la del nombre propio, superando, de este modo, la concepción de sujeto metafísico-historicista. En este sentido, podemos afirmar que configuran una subjetividad exiliada de la representación y ponen en escena, paradójicamente, la representación de lo que parece irrepresentable, es decir, la subjetividad en crisis que postula el pensamiento posmoderno o, si se quiere, un sujeto *en proceso* —en términos de Julia Kristeva—.[11]

Entonces, tratar de pensar la cuestión del *sujeto femenino* desde este lugar se vuelve una empresa compleja pues estas escrituras, las de Reina Roffé, Tununa Mercado y Matilde Sánchez, construyen (y dislocan) la subjetividad situándola en un orden que va más allá de lo cultural, un orden que está fuera del discurso y, por consiguiente, fuera de las formas que imponen las relaciones de *género*.

Escribir(se) el cuerpo

Junto con la problematización del exilio que marca una ruptura del *cuerpo social*, Mercado, Roffé y Sánchez van articulando una situación que traspasa los límites de la circunstancia histórica para significar otro exilio donde la sensación de extranjería no se produce únicamente en la incertidumbre de los desfiladeros de la superficie geográfica sino que evoca una lógica de extrañamiento que atraviesa la superficie del *cuerpo de mujer*.

Hablar de cuerpo de mujer y no, simplemente, de cuerpo femenino supone establecer unas breves aclaraciones. Es sabido que ambos conceptos han sido elaborados por teóricos de diferentes disciplinas alcanzando, en algunos casos —y para confusión de muchos—, la categoría de sinónimos. Aunque en términos generales puede afirmarse que estos conceptos se encuentran en íntima relación, no obstante, ciertos estudios realizados sobre la mujer no han perdido de vista la diferencia que implica hablar de la mujer como cuerpo biológico y como cuerpo que se inscribe en un orden cultural. Particularmente, coincido con quienes señalan que la mujer es una construc-

---

11.   Para la noción de *sujeto en proceso* véase Julia Kristeva, "Le sujet en procès", en *Polylogue*, París, Seuil-Tel Quel, 1977, pp. 55 y ss.

ción simbólica organizada a partir de formaciones discursivas institucionales e históricas que producen efectos imaginarios dentro del orden social:

> No podemos sostener que los conceptos de mujer y feminidad se refieren a entidades (ya sea naturales o sociales) que tengan alguna existencia real, sino a construcciones teóricas. Se trata de significantes y no de meros ecos de una sexuación biológica o de categorías sociológicas. El concepto de mujer no puede separarse de los símbolos estructurantes de la feminidad. Las nociones teóricas y las representaciones de la mujer están constituidas por elementos simbólicos, culturales.[12]

(No obstante, si pensamos en las prácticas transformistas, creo que el concepto de feminidad sí puede separarse del concepto de mujer, así como el de masculinidad puede separarse del de hombre.) Pero lo que me interesa advertir es que el cuerpo no es simplemente un organismo, sino que además es un lugar en el que se inscriben las marcas de la cultura. Es decir, el cuerpo se ha constituido en un lugar de *representación* útil para establecer —universalmente y con el propósito de totalizar— la diferencia de identidades sociales y psicológicas entre los sexos y, consecuentemente, entre los géneros femenino y masculino. En este sentido, vemos que alrededor del cuerpo de mujer, tradicionalmente, se ha otorgado una singular importancia a la cuestión de la *vestimenta* y del *desnudo* en tanto herramientas de seducción que colaboran en su configuración de *objeto* —y no de sujeto— respecto de la mirada del hombre; objeto de deseo, de apropiación, de intercambio, de veneración, etcétera.

Ahora bien, los textos trabajados permiten abrir una instancia de análisis que, desde la puesta en marcha de un discurso autorreflexivo, se aleja de esta concepción de cuerpo de mujer. Sin embargo, no creo que pueda decirse que este discurso promueve un nuevo concepto; en todo caso, lo transgrede al desterritorializarlo del espacio al que ha sido confinado por la mirada masculina. En rigor, creo que *La ingratitud, La rompiente* y *En estado de memoria* son textos que articulan un modo diferente de representación del cuerpo de mujer o,

---

12. Cfr. Silvia Tuber, *La sexualidad femenina y su construcción imaginaria*, Madrid, El Arquero, 1988, p. 194.

si se quiere, ponen el acento en lo *irrepresentable* de éste. En ellos, como señalé en otro lugar, se trata de la posibilidad de escribir(se). Escribir(se) el cuerpo de mujer exiliado de la mirada del hombre. No obstante y, paradójicamente, esta escritura no funciona como afirmación de una *identidad genérica* que sirva como base cultural y psicológica de la categoría de sujeto femenino sino que opera la deconstrucción de esta identidad.

A partir de esta hipótesis, considero importante observar que la construcción de la subjetividad que plantean estos textos debe pensarse, también, desde la puesta en escritura del *cuerpo propio*. En tal sentido cabría preguntarse ¿en qué medida este escribir(se) el cuerpo surge de una sensación del yo, entendido éste como el fundamento de la configuración del sujeto?; y, por otra parte ¿qué papel —y en relación con el cuerpo— juega el *otro* en esta configuración?

1. *En estado de memoria* presenta la cuestión del cuerpo de mujer tomando como puntos de referencia la vestimenta y el desnudo. Pero estos instrumentos que, convencionalmente, contribuyen a marcar pautas representacionales sobre los sujetos en lo referido a su condición estética, social y cultural, adquieren aquí una dimensión diferente.

Al respecto, me interesa advertir que la textualización del cuerpo de mujer girando en torno del vestido y la desnudez nos deja pensar en uno de los indecidibles postulados por Derrida: el *himen*. Sabemos que la lógica del himen, además de remitirnos a la cuestión del margen, nos introduce en el problema de la interioridad/exterioridad para ir más allá de él. Es decir, es una lógica —o, más precisamente, una topológica— que habla de un espacio de fusión de los contrarios; es el espacio del *entre,* pero es un lugar que no tiene nada que ver con un centro.[13] Es esta lógica la que parece evocar Tununa Mercado en relación con la experiencia del cuerpo de mujer:

13.   Me interesa precisar la noción de *himen*. Derrida remite a ella para hacer referencia a ese espacio donde se suprime la heterogeneidad de dos lugares, de dos términos diferentes (pensados desde la lógica binaria). Y, en tal sentido, expresa que "gracias a la confusión y a la continuidad del himen, no a pesar de él, se inscribe una diferencia (pura e impura) sin polos decidibles, sin términos independientes e irreversibles". (Cfr. J. Derrida, *La diseminación*, Madrid, Fundamentos, 1975, pp. 317-318.)

Nadie, en ninguna de las terapias de engañifa en las que me vi mezclada, me dio una explicación acerca de mis relaciones ambiguas con *la ropa, probablemente el objeto en el que se encarnan los términos de la carencia, el despojo, la desnudez*. La desnudez propia de las pesadillas para mí era una circunstancia natural de la vigilia. No es exagerado afirmar que de manera permanente me encuentro en condiciones de indigencia vestimentaria, "no tengo qué ponerme" es el enunciado certero que habla de ese estado. Y estar así, haber llegado hasta allí, es algo límite, más allá está el abismo. (pp. 48-49, el subrayado es mío.)

Si acordamos que, desde una concepción común, la ropa es vista como un elemento exterior al cuerpo y cumple la función de cubrirlo, de protegerlo, en fin, de ocultar su interior, su desnudez, entonces podemos afirmar que la cita precedente parece desafiar esta concepción. Aquí, la estructura dentro-fuera se rompe y el cuerpo pasa a convertirse en el espacio del *entre* tomando la forma de una figura de *envolvimiento*[14] donde el vestido y la desnudez se enrollan para perder su carácter de oposición. Es el espacio de un estado límite que emerge implicando síntomas análogos a los del sufrimiento provocado por el estado de exilio político pero que la memoria, en otros momentos textuales, reconoce como una situación inherente al sujeto.

Liberado de la contradicción vestido/desnudo, el cuerpo de mujer se manifiesta como un espacio irreductible a la representación. Escribir(se) el cuerpo es, de algún modo y paradójicamente, descorporizarlo, quitarle volumen, otorgarle el estatuto de una huella que marca su presencia y su vacuidad, su "carencia"; en fin, la presencia de una *falta* incapturable e indecible pues escapa al orden del discurso.[15] Sin embargo, es un cuerpo que *habla*. Creo que, en este caso,

---

14. Entiendo las *figuras de envolvimiento* en el sentido que les da Deleuze, es decir, como instancias de *implicación* —determinadas por las cosas, las personas y los nombres— de las que "se saca algo que tiene otra forma por completo distinta, algo de distinta naturaleza, contenido desmesurado". (Cfr. G. Deleuze, *Proust y los signos*, Barcelona, Anagrama, 1995, pp. 120-121.)

15. Recordemos que una de las postulaciones teóricas que le permite a Lacan señalar la existencia de la mujer como no-toda se fundamenta en la afirmación de que "hay siempre algo en ella que escapa del discurso". (Cfr. J. Lacan, *El seminario. Libro XX. Aun*, Buenos Aires, Paidós, 1988, p. 44.)

Tununa Mercado deja entrever que habla desde ese otro lugar, el del *entre* donde no sólo puede exiliarse de la naturaleza de las palabras sino también de sí mismo como materialidad. Habla de su falta. En rigor, es un cuerpo de mujer extraño, cuya desnudez va más allá de la ausencia de un vestido: "… ni despierta ni dormida se ha cumplido nunca para mí el sueño de una forma cerrada que me incluya, un vestido, en una palabra, que cubra mi desnudez y que me devuelva una imagen «completa» en la luna del espejo" (p. 49). Escribir(se) el cuerpo es, precisamente, hacerlo hablar de su desnudez como de un estado límite; no obstante, lo singular, la desnudez, es que no parece evocar un cuerpo sólido, material, sino una zona de pasaje en la que convergen las instancias del yo consciente de la "vigilia" (cuerpo simbólico) y del otro de las "pesadillas" (cuerpo imaginario). Entonces, es un cuerpo que habla de *otra* desnudez, una que lo atraviesa sin poder encarnarse en él. Mercado parece escribir un cuerpo exiliado de sí mismo diluyendo, de este modo, toda posibilidad de certidumbre respecto de una identidad corporal.

La metáfora del espejo en la que nos introduce la última cita textual revela el deseo de reconocimiento del sujeto. Pero alcanza características particulares en otros momentos:

> En esas circunstancias, los espejos ayudan a desencadenar la crisis. La luz de los probadores sobre los espejos, la propia imagen invertida, el modo en que el cuerpo es cubierto por algo extraño a él y la convicción de que ese elemento ajeno se apodera de *ese* cuerpo y lo hace suyo en ese recinto falsamente iluminado, todo ese acontecer es, como en las novelas de desgracia, un golpe mortal. Lo que se revela en esa secreta sesión no sólo es la carencia, la desnudez, el despojo, sino el detestable recurso de cubrir la necesidad con [...] *algo* que no habrá de cubrirla ni cubrirnos. (p. 50, el subrayado es mío.)

Ante esta cita es inevitable recordar, brevemente, que Lacan elaboró su teoría del *estadio del espejo* alrededor de la imagen especular para referirse a la identificación primordial que se realiza por el reconocimiento del cuerpo propio, y que permite la promoción de la estructuración del yo.[16] Ahora bien, me interesa señalar que en esta

---

16. Para una mayor comprensión del proceso de identificación véase J. Lacan, "El estadio del espejo como formador de la función de yo *(je)* tal como se nos revela en la experiencia psicoanalítica", en *Escritos I*, Buenos Aires, Siglo XXI, 1985, p. 86.

instancia textual la posibilidad de escribir(se) el cuerpo está dada por un movimiento de transposición en el que aquél, el cuerpo, nuevamente parece dejar de tener una consistencia material y simbólica al irrumpir desde otro registro y alcanza, así, la categoría de una imagen objetivable pero no propia. Es decir, aparece en escena "ese" cuerpo-imagen como *otro* cuerpo, indefinido, tan extraño y ajeno como el vestido que lo cubre. De este modo, lejos de hablar de un proceso de identificación, la imagen del cuerpo de mujer en el espejo lo anula, marca su fracaso generando, al mismo tiempo, un sentimiento de autodesconocimiento.

Escribir(se) el cuerpo es, entonces, escribir su desposesión, su extrañeza respecto del yo; en síntesis, es escribir su autodesconocimiento. Si la desnudez había revelado un cuerpo exiliado de sí mismo descorporizándolo, ahora, la imagen del espejo objetivada —otro identificable pero no identificatorio— expresa el mismo exilio. Dentro de este marco, me interesa señalar que tanto la desnudez como la imagen del espejo son recursos que Tununa Mercado articula para dar cuenta de que escribir(se) el cuerpo supone la presencia de "algo" en la materialidad de éste que se registra en el orden simbólico, el del lenguaje, pero que también, en este escenario y más allá de él, queda *algo* sin registrar, algo que se resiste a la representación: una *falta*, un vacío que no puede colmarse.

2.   También Matilde Sánchez en *La ingratitud* nos deja pensar en la metáfora del espejo. Aquí, las fotografías juegan este papel, se hacen espejo y, como en *En estado de memoria*, la identificación fracasa:

> Espero que el cartón con las cuatro fotografías atraviese el mecanismo completo del aparato y sea escupido por la puerta lateral. Cuando ocurre —el cartón aún está fresco, debo sostenerlo por una punta debajo del chorro de aire de un pequeño ventilador para que se complete el revelado— mi cara no aparece. Mi rostro ha sido quemado y aparece completamente blanco en la fotografía, invisible. Sólo el color de la ropa, el gorro suspendido sobre lo que debería ser la cabeza y no es más que una mancha redonda, un vacío blanco y quemado, la curvatura del abrigo en los brazos vacíos. (p. 77)

Cuando traté el texto de Tununa Mercado, evidentemente, podía haber hecho referencia al tema de la mirada —tema central no solamente para el psicoanálisis sino también para la filosofía en lo que respecta a la construcción de la subjetividad—. No obstante, es a partir de *La ingratitud* desde donde mejor podemos abordarlo y ello se debe a que, como se advierte por la cita precedente, la cuestión del cuerpo de mujer aparece *en parte*; es decir, no se presenta como una totalidad sino como un fragmento: el *rostro*. El rostro es la superficie del cuerpo que marca no solamente un lugar de expresión y de lenguaje sino también el espacio de la pulsión escópica, suscitada por el deseo, la cual pone en funcionamiento la dialéctica del *ver* y del *ser vista*.

Ahora bien, el soliloquio de las cartas de la protagonista —que, como señalé en otro lugar, se convierte en el "viaje solitario" hacia la búsqueda de sí misma— nos instala en la dimensión de escribir(se) el rostro para deconstruir esa dialéctica de la mirada. La trayectoria que recorre esta búsqueda, ahora, supone el intento de reconocerse, mirarse la cara a partir de la imagen inscripta en las fotos (espejos). No obstante, la singularidad de esta fotos es que no revelan el *encuentro* de la mirada con la imagen del rostro propio, ni siquiera con la de *otro* rostro. Revelan su *invisibilidad*; y lo que en las fotos no se puede dejar de mirar es, precisamente, lo que *falta* a la mirada. Escribir(se) el rostro es, en cierto modo, marcar el encuentro de la mirada con la falta. Es decir, no se trata de mirar en ellas la presencia del yo, pero tampoco de mirar a un otro, ni a un fantasma, ni a una apariencia, construcciones que permiten disfrazar, ocultar.[17] Mucho menos se trata de un *semblante* (más adelante me referiré a esta categoría). Encontrar otra mirada que sirva para constituir la subjetividad se torna imposible. Las fotos son los signos que, paradójicamente, representan lo irrepresentable del rostro.

La cuestión de la *vestimenta* también aparece en *La ingratitud*

---

17.   Resulta interesante ver que en esta instancia textual la novela de Matilde Sánchez parece deconstruir ciertas teorizaciones feministas como la de Anne Juranville, quien afirma que para la mujer "existir es entrar en lo imaginario positivo de la apariencia mediante la identificación simbólica con la «bella mirada» de su madre que constituye su primer espejo. [...] La mujer sólo puede ofrecerse a la mirada deseante porque ella misma, como sujeto, ha podido mirar: es decir, mirarse narcisistamente en el espejo amante de la mirada de su madre. Espejo que no traga, que no se cierra melancólicamente sobre profundidades mortales, sino que devuelve imágenes que tienen vocación de ser trabajadas". Anne Juranville, *La mujer y la melancolía*, Buenos Aires, Nueva Visión, 1994, p. 177.

pero con algunas características diferentes respecto de lo que habíamos señalado a propósito del texto de Tununa Mercado. La cita precedente lo confirma, pero en otros momentos textuales se manifiesta de un modo particular porque nos introduce en el problema de la representación a partir de la dialéctica del ser y del parecer:

> ¿El retrato del Fotomatón acabará siendo fiel? Porque crece la sensación cómica de mujer invisible, que debe echarse ropa encima para ser vista, es decir, que debe recubrir su invisibilidad para ser vista, al ocultarla. ¿Hasta dónde existo para los demás? Reducirme a la apariencia y a la causa —el cuerpo advertido por los ruidos que provoca al alterar la superficie de los objetos. Un fantasma que atraviesa las calles. (p. 106)

Si, en principio, la invisibilidad del rostro produjo un efecto de desconocimiento por el cual se marca el fracaso del proceso identificatorio, ahora ella se desplaza hacia la totalidad del cuerpo generando una interrogación sobre la posibilidad de existir, y la vestimenta surge como un elemento cuyo carácter parece ser inherente a esta posibilidad.

Al respecto, me interesa recordar que ciertas reflexiones sobre la relación entre la mujer y el vestido han tomado como punto de referencia la categoría lacaniana de *semblante* pues ésta, si bien supone el orden imaginario, es una categoría simbólica que remite a la *apariencia*, a la *máscara*.[18] En este sentido —y en relación con la cita— la vestimenta cumple la función de poner en juego la mascarada femenina —esa *segunda naturaleza* de la que habla Anne Juranville—[19] imposible de quitarse, la cual inscribe a la mujer en el orden de las apariencias. Es decir, en este texto la vestimenta va más allá de la significación que podríamos otorgarle teniendo en cuenta su función utilitaria o estética; de algún modo, *envuelve* la invisibilidad del cuerpo, su desaparición, su vacuidad y, al hacerlo, lo hace visible, cumple la función de hacerlo existente, no como *ser* sino como *aparición*.

En rigor, podemos afirmar que en *La ingratitud* escribir(se) el cuerpo es exiliarlo de una materialidad identificada con un yo; en consecuencia, es otorgarle una existencia *fantasmática* borrando así toda referencia a una identidad corporal.

18. Cfr. J. Lacan, "El saber y la verdad", en *El seminario. Libro xx. Aun*, p. 109.

19. Cfr. A. Juranville, *La mujer y la melancolía*, p. 186.

3.   En *La rompiente* Reina Roffé aborda la cuestión del cuerpo de la mujer de un modo particular, a partir del cual podemos observar que se entrecruzan semejanzas y diferencias respecto de las lecturas realizadas sobre los textos de Tununa Mercado y de Matilde Sánchez.

Lo singular de este texto es que en él, escribir(se) el cuerpo es marcar una trayectoria que —aunque presenta puntos de contacto con los anteriores— nos permite avanzar hacia lugares de sentido hasta ahora no recorridos. Por una parte, como en *La ingratitud* y en *En estado de memoria*, aparece la referencia al vestido desde un punto de vista aculturalizado. Es decir, lejos de ser un soporte útil para construir socioculturalmente la identidad de un cuerpo de mujer, el vestido pone de manifiesto (y envuelve) ya no la desmaterialización del cuerpo ni su invisibilidad sino la ausencia de una *forma* que lo delimite y, en rigor, que lo defina:

> Conserva el pasado intacto en los innumerables cajoncitos de la mente atiborrados de tanta porquería: una bufanda que le regaló él, la billetera que es un recuerdo de un recuerdo de su madre [...] su aristocrático disfraz ha dejado de ser elegante, está chingado como la cazadora de Boomer; de atrás, enfundada en él parece una masa informe. (p. 110)

Por otra parte, también la mirada funciona en este texto como un dispositivo que va articulando un proceso de autodesconocimiento. Mirarse es tomar distancia del yo, desplazarse para reconocer a otra en su lugar, a otro rostro cuya fisonomía, aunque no se describa de manera diferente, revela, sin embargo, que se trata de otro. Un rostro, en realidad, un *doble* que condensa las marcas de lo ajeno, de lo extraño.

> Tomo distancia y me veo como si fuese otra. Una mujer que camina caminando para abajo [...] Se ve muy frágil. Es una mujer para medio plano, más precisamente para rostro en primer plano. Ella siempre se mira en el espejo del botiquín. (p. 66)

Escribir(se) el rostro o el cuerpo parece ser el inicio de una travesía de la mirada que recorre las instancias del yo y de la otra para llegar, en definitiva, a la otra del espejo. No obstante, la imagen que devuelve el espejo, la de la *otra*, tampoco sirve como instancia identificatoria. Esa imagen resulta insuficiente porque no guarda una unidad; por el contrario, obliga a la mirada a emprender una nueva travesía, la del *cuerpo fragmentado*.

> Ahora ella se dirige al dormitorio. Toma el espejo y se ve reflejada [...] Ella toma distancia, se tuerce un poco hacia la derecha y se mira [...] Se endereza y comienza a mirar con detenimiento su rostro. Un perfil, el otro perfil. Se mira de frente y saca la lengua [...] Después hace un reconocimiento de su cuello, se lo presiona y sonríe. Su dedo baja y se hunde en el pozo de la tráquea [...] Los huesos de la clavícula sobresalen un poco [...] Observa sus brazos. Observa su abdomen [...] Toma distancia y se mira en conjunto. [...] Ahora sonríe y se abraza: tiene la cabeza inclinada sobre su propio hombro. Ahora ella se funde con la imagen del espejo. La calidez de su boca empaña la imagen. En el espejo quedan sus labios impresos, la marca de sus labios, un hálito que se va esfumando, una huella en la arena que un viento barre. (pp. 69-70)

Aun cuando —desde el final de esta cita— podría afirmarse que la travesía de la mirada por el cuerpo fragmentado culmina en el momento de una situación de fusión de la *otra* con la *otra del espejo,* dando lugar a la posible reconstrucción de una unidad perdida, ésta se inscribe en un horizonte que va más allá de lo material. En realidad, se trata de una unidad que se ciñe a las leyes del espejo donde el cuerpo sólo alcanza el estatuto de una *huella*, de una *marca*.

Por último, me interesa señalar que respecto de la cuestión del cuerpo se abre en *La rompiente* una línea de lectura que no observamos en los textos anteriores. Me refiero a la interrelación que se puede establecer entre la *escritura*, la *voz* y el *cuerpo de mujer*. En tal sentido, creo conveniente recordar que el texto presenta como protagonista a una mujer escritora. Ella rompe el silencio e "insiste en borronear una misma y única novela"; esta trayectoria de escritura, que es también trayectoria de deseo, va planteándose como la búsqueda de un lenguaje que no se confunde con un idioma, sino más bien remite al orden de una voz que traspase los límites de la letra.

En realidad, el texto parece convocar la presencia de una voz que provoca la ruptura del silencio. Se trata de una voz que, en un movimiento de *torsión*, va circulando, al mismo tiempo, por los intersticios del cuerpo de la escritura y por los fluidos del cuerpo de mujer:

Su cuerpo se repliega, sin embargo, es inútil evitar el escalofrío y una puntada en el bajo vientre que las manos no componen con sus friegas. Respira hondo y exhala lentamente esa pregunta que la persigue: ¿hallaré, a dónde vaya, el resplandor de una voz? El dolor se disipa como si ese esplendor incierto contuviera una sustancia benévola que pondrá otra vez su vida en juego. Ahora sangra. (pp. 123-124)

Esta cita nos lleva a inferir que el acto de escritura surge como efecto de esa torsión por la que el fluir de la voz parece disolverse en el fluir de la sangre del cuerpo de mujer. Acto de escritura, entonces, revelador de una marca biológica que no habíamos encontrado en los textos de Matilde Sánchez y de Tununa Mercado. Fuera de la estructura del lenguaje y, por lo tanto, de la posibilidad de transcribir las palabras, la escritura en el texto de Reina Roffé, aunque se inscribe en la institución de la voz, es también la escritura del cuerpo de mujer, más precisamente, de la *sangre* del cuerpo de mujer.

En este sentido, podemos decir que como signo físico, orgánico, la sangre marca el devenir de una escritura que se relaciona directamente con la mujer. No obstante, me parece importante aclarar que considero que este signo resulta insuficiente en tanto se le pretenda atribuir el carácter de un fundamento sobre el cual podría basarse una conceptualización dirigida a postular la identidad genérica de la escritura.

4.   En conclusión, opino que, en general, estos textos revelan la posibilidad de escribir(se) el cuerpo a partir del ingreso en una zona marcada por lo irrepresentable de aquél. Es decir, Tununa Mercado, Matilde Sánchez y Reina Roffé abordan esta cuestión desde un lugar particular en el que se pone de manifiesto que el cuerpo de mujer habla para decir, en definitiva, su desnudez, su invisibilidad, su descorporización y su fragmentariedad. Lejos de pensar que ello supone inscribirlos en una dimensión de silencio, escribir(se) el cuerpo de mujer es hacerlo hablar sin someterse a los imperativos del discurso cultural y, en tal sentido, es colocarlo en una posición rebelde ante el carácter de signo que las determinaciones genéricas le han atribuido.

En rigor, estas autoras ponen en escena cuerpos deconstruidos, exiliados de ese yo que —como hemos visto anteriormente— ha perdido su poder soberano respecto de la noción de sujeto. Son cuerpos liberados de los símbolos que construyen identidades socioculturales.

Anotaciones inconclusas

Hemos visto que las escrituras de Reina Roffé, Tununa Mercado y Matilde Sánchez otorgan al problema de la producción de la subjetividad una dimensión apartada de los cánones propios de la modernidad que, sobre la base de un imaginario construido por ciertos mitos (los de la identificación mujer = madre, de la pasividad erótica de la mujer y del amor romántico) ha postulado la existencia de un *ser femenino* que va determinando la forma de subjetividad de las mujeres.

En estado de memoria, La rompiente y *La ingratitud* abren la posibilidad de pensar la construcción de la subjetividad de las mujeres desde otro lugar. En estos textos hemos podido observar que las mujeres —abandonando ese status de *objeto* al que han sido confinadas por el pensamiento patriarcal— se afirman como *sujetos de escritura*. Y es, precisamente, a partir de la actividad de escribir como la noción de sujeto y la categoría de género femenino construida culturalmente son puestas en crisis.

Desde esta perspectiva, si podemos hablar de la construcción de la subjetividad de la mujer es porque, paradójicamente, estos textos ponen en escena la deconstrucción de aquélla. En rigor, esta deconstrucción parece sustentarse en un principio de indeterminación: el borramiento de la dialéctica yo/otro, la incertidumbre del lenguaje, el cuerpo de mujer aislado de sus determinaciones simbólicas, son marcas que indican la imposibilidad de hablar de una construcción definitiva. Por ello, lejos de operar una destrucción del concepto de subjetividad, me parece más apropiado afirmar que estos textos presentan una suerte de desterritorialización de éste en la medida en que lo colocan fuera de los márgenes de la representación impuesta por una lógica binaria sustentada en la razón patriarcal que ha dominado el pensamiento occidental filosófica, histórica y culturalmente.

Asimismo me interesa señalar que, a partir de la singularidad de cada uno de estos textos es posible reconocer marcas escriturales comunes en Reina Roffé, Tununa Mercado y Matilde Sánchez, pero ellas van más allá de la coincidencia de los temas abordados (me refiero al conflicto de la subjetividad articulado a partir de las cuestiones del exilio, la escritura y el cuerpo). En todo caso, son marcas que permiten hablar de la disolución de algunos principios que han servido para postular la existencia de una *escritura femenina*. Uno de ellos —basado en las teorizaciones del psicoanálisis— consiste en otorgar a la escritura de las mujeres el carácter de *narcisística* debido, precisamente, a la indagación sobre la propia condición de sujeto. No obstante, si consideramos el marco a partir del cual puede surgir el narcisismo, es decir, desde la dimensión de placer en el que se inserta y desde donde el sujeto de deseo se dirige y se complace en la búsqueda de sí mismo, opino que, en este caso, las marcas de estos textos ponen el acento en otro lugar, en una voluntad de *goce* que habla de una escritura yendo más allá del principio del placer. La distinción me parece central y merece una breve reflexión teórica. Una escritura de placer, narcisista, recorrería una trayectoria encaminada a satisfacer el deseo de completud (satisfacción imposible por su carácter ilusorio); por el contrario, una escritura de *goce* abre el pasaje hacia un espacio de tensiones, de dolor, de sufrimiento. Aunque la capacidad de gozar, obviamente, no es privativa de las mujeres, me interesa recordar que Lacan pudo observar que a ellas las distingue *otro goce*, uno diferente aunque suplementario del fálico; se trata de un goce que, lejos de estar delimitado por el lenguaje, se encuentra fuera de él. En tal sentido, creo que las escrituras de estas autoras, pensadas desde la construcción de la subjetividad de la mujer, revelan una topología de marcas configurada por simulacros, fragmentariedades, torsiones, figuras de envolvimiento que dan cuenta, por un lado, de la fractura de la identidad y, por el otro, de la emergencia de ese *otro goce* que se resiste a la representación.

Desde esta perspectiva podemos abordar otro de los tópicos sobre los cuales se ha pretendido caracterizar la escritura de mujeres: el silencio. Particularmente, opino que las escrituras de Roffé, Mercado y Sánchez pueden reducirse al silencio en la medida en que se lo relacione con una conceptualización del discurso y de la cultura. Sin embargo, prefiero pensar que se trata de escrituras que *hablan* de otro modo para poner en discurso, paradójicamente, una subjetividad de mujer construida por una experiencia singular que remite a la indecibilidad de lo irrepresentable.

Alejandra Pizarnik:
una grieta en la razón occidental

Clelia Moure

Boceto de una lectura

*D*esde mi primer acercamiento a la poesía de Alejandra Pizarnik,[1] advertí que más allá —o más acá o a través— de su intensidad y su belleza, las palabras producían un efecto conmovedor en el nivel de los presupuestos más sólidamente establecidos de nuestra cultura occidental. Percibí que su lenguaje (no sólo aquello que sus poemas "dicen", si es que dicen "algo", sino precisamente la articulación misma del enunciado poético) operaba desautorizando, desmintiendo algunos de los postulados básicos de lo que aquí denomino la "razón occidental".

Dicho de otro modo, la palabra poética puede ser leída (producida) como un "artefacto simbólico" que se opone a la voluntad de verdad que ha dominado y domina todavía la articulación misma de nuestro orden cultural.[2] Esta voluntad de verdad, en virtud de

1.   Alejandra Pizarnik, *Obras completas,* Buenos Aires, Corregidor, 1993. Todas las citas de este trabajo pertenecen a esa edición, que incluye *La última inocencia* (Buenos Aires, Botella al Mar, 1956), *Las aventuras perdidas* (Buenos Aires, Botella al Mar, 1958), *Árbol de Diana* (Buenos Aires, Sur, 1962), *Los trabajos y las noches* (Buenos Aires, Sudamericana, 1965), *Extracción de la piedra de la locura* (Buenos Aires, Sudamericana, 1968), *Nombres y figuras* (Barcelona, La Esquina, 1969), *El infierno musical* (Buenos Aires, Siglo XXI, 1971), *La condesa sangrienta* (Buenos Aires, López Crespo, 1971) y *Textos de sombra y últimos poemas*, Buenos Aires, Sudamericana, 1982, comp. y notas de Olga Orozco y Ana Becciú).

2.   "Orden", aquí, en su sentido etimológico, como determinación jerárquica y

mecanismos de control montados sobre presupuestos ideológicos que condicionan la operatoria de nuestro pensamiento, establece un sistema de significaciones aceptado por el "sentido común" (Gilles Deleuze) y jerarquizado política e institucionalmente.

Este sistema es complejo y abarca muy diversas esferas de la actividad humana; no obstante, la coherencia ideológica que presenta nos permite advertir que funciona como una "maquinaria teórica" (Rosa María Rodríguez Magda) que domina en los ámbitos de la filosofía, la política, la epistemología y desde luego, la vida cotidiana.

Uno de los elementos centrales de este sistema o maquinaria es la concepción del logos (entendido como razón ordenadora, pensamiento unívoco, identidad, palabra verdadera, ciencia...) y su operatividad en un conjunto muy amplio de dicotomías que lo jerarquizan a costa de inferiorizar sus negativos —que son múltiples—; estos pares de categorías dicotómicas que inferiorizan lo que es extraño al logos articulan lo que Deleuze ha denominado "la Imagen del pensamiento", esto es, el conjunto de postulados implícitos en virtud del cual ha operado el discurso filosófico occidental (por lo menos desde Platón hasta Hegel).

Esta voluntad de verdad que presenta, como hemos dicho, múltiples aspectos, promueve y justifica mecanismos de exclusión; en el mismo acto en que se instituye como postulación teórica opera en el juego de las fuerzas sociales y se convierte en acto de violencia: al discriminar jerarquiza, inferioriza y excluye.

Las cuestiones que acabamos de esbozar han sido abordadas por numerosos autores que, con matices que los diferencian y a veces los enfrentan, constituyen el marco teórico a partir del cual están elaboradas las reflexiones que presentaré a continuación.

Volviendo a la práctica poética a la que me he referido, creo que constituye otra modalidad en las estrategias que permiten visibilizar la discriminación[3] precisamente en el orden que la legitima y define: el orden simbólico.

---

objetiva (no sujeta a opinión) del lugar que deben ocupar —tiene valor normativo— los elementos de un sistema.

3.   Véase A.M. Fernández, *La mujer de la ilusión*, Buenos Aires, Paidós, 1993, pp. 30 y ss. Según esta autora, la eficacia de los modos de discriminación se sustenta en la invisibilidad de sus prácticas. Fernández señala "tres importantes ejes de visibilidad que permitieron pensar a las mujeres como nuevos sujetos sociales". Éstos son las

Esto significa considerar algunas prácticas poéticas en particular (es el caso de Alejandra Pizarnik) desde una perspectiva deconstructiva: la operación que tiene lugar sobre algunas "significaciones imaginarias sociales" consiste en construir otro artefacto simbólico que las desfonde.

En otros términos, así como implícitamente la jerarquización del logos está dada en los presupuestos de nuestra cultura occidental, la poesía puede operar como crítica al logos desmintiéndolo, promoviendo el ejercicio de una escritura que se niega a representar o a referir, que se declara impotente para decir algo que no caiga en el silencio, o en alguna de las formas del no-decir (no-decir representativo-unívoco, cuyas herramientas son el juicio, el concepto, la tesis, la conclusión).

En el segundo momento de esta reflexión veremos cómo se constituye esta escritura, qué rasgos distintivos asume y cómo a partir de ellos jugará su papel en el plano de la "situación estratégica compleja" (Michel Foucault) determinada por las relaciones de fuerza que operan en el campo cultural y establecen espacios sociales y subjetivos.

Por lo tanto, se abordarán cuestiones inscriptas en el campo problemático que podríamos denominar la existencia de una escritura resistente a la norma ideológica que instaura el platonismo (¿una escritura antilogocéntrica?) marcada por rasgos propios y distintivos.

En este sentido, mi reflexión se centra en el silencio como huella discursiva (como una presencia en el enunciado) y al mismo tiempo intenta señalar y justificar cuál sería su condición de existencia, es decir, el conjunto de elementos (o de ausencias) que constituirían la condición de posibilidad para el silencio en la escritura. Esta postulación se articula, en parte, sobre las tesis de Jacques Lacan y de Julia Kristeva a propósito de las relaciones entre lenguaje y subjetividad, especialmente en lo referido a la alteridad del sujeto *(Je)* respecto de su discurso.

En este marco resulta inevitable el planteamiento de una

"prácticas transformadoras en su vida cotidiana", "la práctica política de los movimientos feministas" y la práctica académica que analiza "la ausencia de la dimensión de género en sus respectivas disciplinas. [...] Estas tres dimensiones [...] fueron instituyendo un movimiento que visibiliza la discriminación, desnaturaliza sus prácticas [...] y produce importantes vacilaciones en el conjunto de significaciones imaginarias sociales...".

cuestión central para la reflexión acerca del posible sesgo diferencial en la escritura de mujeres: la radicalidad del acto creador en la poética de Pizarnik trasciende, a mi juicio, toda posición sexuada. Ahora bien, considero que esta no asunción del género (no he encontrado ninguna señal en su escritura que me permita determinar ni la construcción ni la inscripción genérica, ni siquiera la existencia de la "cuestión femenina") es un rasgo particular de su escritura, y no me posibilita inferir nada con respecto a la operatividad de los conceptos "escritura femenina" o "escritura de mujeres" para el análisis textual.

En otros términos, considerando la obra poética de Alejandra en su totalidad (incluidos sus textos *La bucanera de Pernambuco* o *Hilda, la polígrafa*, *Los poseídos entre lilas* y *La condesa sangrienta*), no creo que pueda ser construida desde una mirada crítica ninguna clase de inscripción genérica o de otro tipo; la lectura de sus textos me sugiere intensamente la singularidad de su voz poética como marca insistente y configuradora.

Quizá, paradójicamente, la única inscripción posible de Alejandra Pizarnik como poeta sea en el grupo de los "excluidos", llamados "malditos" en el terreno de la literatura.

Imitadores de fantasmas

Me parece inevitable comenzar esta reflexión acerca del sistema de presupuestos ideológicos que sostiene nuestro orden cultural con una referencia a Platón, precisamente, en *República*.[4]

En su descripción del Estado ideal o perfecto, Platón se refiere largamente a la poesía —épica, dramática o lírica— con el fin de justificar su exclusión en favor de la verdad y la justicia ordenadas al bien común. Con especial énfasis en los libros II, III, VII y sobre todo en el X, desarrolla una argumentación degradante y condenatoria de la poesía y de sus perniciosas consecuencias. Si bien la necesidad de excluir la poesía y todo género de arte "imitativo" se plantea desde el comienzo, podemos establecer dos momentos en la crítica: el primero atañe al orden moral, institucional y político; el segundo, en cambio, se inscribe en el ámbito de la metafísica. Leemos en el libro II:

4.   Buenos Aires, Eudeba, 1966, trad. de Antonio Camarero.

Por lo tanto, debemos vigilar a los creadores de fábulas, escoger las buenas y rechazar las malas.
[...] De las que ahora se cuentan, habrá que desechar la mayoría. (377c)

—En efecto —dijo—, esas narraciones son peligrosas.
—Y no deben narrarse, Adimanto, en nuestra ciudad.
(378b)

... los poetas y los prosistas se engañan en las cosas de mayor importancia, con respecto a los hombres, cuando sostienen que hay muchos injustos que son felices y justos desgraciados, que la injusticia es útil mientras pase inadvertida, en tanto que la justicia es un bien para los demás, pero un mal para el que la practica. Les prohibiremos que afirmen semejantes cosas y ordenaremos que digan, tanto en prosa como en verso, todo lo contrario... (392b)

Como vemos, Platón critica aquí las historias de los narradores y poetas a quienes acusa de engañarse a cuenta de los hombres provocando, por lo tanto, el mal. Por el momento, su crítica es, diríamos, contenidista, y se limita a censurar en los relatos las orientaciones que él declara insatisfactorias desde el punto de vista moral. No obstante, su referencia a la literatura como un "discurso mentiroso" y que induce a error (libro II, 376d y ss.; 380d) está preparando el camino para la crítica ontológica que tendrá lugar más adelante. Sobre el final del libro VI, Platón desarrolla su teoría de los cuatro niveles de la realidad:

... considera que son dos reyes, el bien y el Sol, y que el uno reina en el género y el mundo inteligibles, y el otro en el mundo visible [...] ¿Tienes presente estos dos géneros, lo visible y lo inteligible?
—Los tengo.
—Ahora supongamos, por ejemplo, una línea cortada en dos partes iguales;[5] cortemos todavía, del mismo modo, en dos

5.   Me aparto en este término de la traducción de A. Camarero, que vierte "desiguales", y sigo la interpretación clásica de Jámblico por considerar que con este adjetivo Platón no insiste en su valoración de los campos (que justificaría el término "desiguales") sino que su argumentación en este punto preciso busca la claridad y la presentación —con fines didácticos— de un esquema binario.

cada una de esas partes, que representan el género visible y el género inteligible; entonces, en el mundo de lo visible, según el orden de claridad y oscuridad de los objetos entre sí, tendrás una primera sección: la de las imágenes. Entiendo por imágenes, en primer término, las sombras, y, en segundo, las figuras reflejadas en las aguas y en la superficie de los cuerpos opacos, pulidos y brillantes así como todo lo construido de manera semejante, si tú me comprendes.

—Sí, te comprendo.

—Coloca en la otra sección los objetos que esas imágenes representan, es decir los animales, las plantas y todas las cosas fabricadas por el hombre.

—Ya las he colocado, dijo.

—¿Y no te avendrías a afirmar —proseguí— que en el mundo visible existe la misma distinción, con respecto a la verdad o a la falta de verdad, que en el mundo inteligible, y que la imagen es al objeto que representa lo que la opinión es al conocimiento? (509d)

—Estudia ahora —proseguí— cómo es preciso hacer la división en el mundo inteligible... (510b)

Después de una larga argumentación comprendemos que la primera sección del mundo inteligible (primera en orden de acceso, no en la jerarquía que se le otorga) es la de los objetos matemáticos, a los que accedemos por vía del razonamiento; y la segunda (la primera en la escala jerárquica) corresponde a los seres puramente inteligibles a cuyo conocimiento se accede por medio de la dialéctica.

Aplica ahora a esas cuatro clases de objetos sensibles e inteligibles cuatro diferentes operaciones del alma, a saber: a la primera clase, la pura inteligencia; a la segunda, el conocimiento razonado; a la tercera, la creencia; a la cuarta, la imaginación; y da a cada una de estas maneras de conocer más o menos evidencia, según que sus objetos participen en mayor o menor grado de la verdad.

En el libro X, que posiblemente fue añadido más tarde, se reelabora esta clasificación en atención a su grado de alejamiento de la verdad (de lo que es):

—Hay, pues, tres especies de lechos: el que se halla en la naturaleza, y del cual podemos decir, me parece, que es Dios su autor [...] El segundo es el que hace el ebanista.
—Sí.
—Y el tercero, el que es obra del pintor [...] Respecto del pintor [...] el único nombre que razonablemente puede dársele es el de imitador de la cosa de que aquéllos son obrero y productor.
—Perfectamente, ¿llamas, entonces, imitador al autor de una obra alejada de la naturaleza en tres grados?
—Justamente. (597b-e)

Y un poco más adelante leemos:

Digamos, pues, de todos los poetas, empezando por Homero, que, ya traten en sus versos de la virtud, ya de cualquier otra materia, no son sino imitadores de fantasmas, que jamás llegan a la realidad. (600 e-601a)

Sería ocioso extender la cita; como vemos, las obras de la imaginación persisten en ocupar el último lugar. Está claro que la oposición real-irreal, equivalente en este contexto a la oposición verdadero-falso, establece una dicotomía jerárquica en cuanto al estatuto ontológico de los dos campos: el mundo de las Ideas es "lo que realmente es", y las obras de arte son definidas como imitación pura, semejanzas de semejanzas; así, es su jerarquía ontológica (su lugar en la escala del ser) lo que aparece degradado.

Esta dicotomía inferiorizante filosofía-poesía (de la que el propio Platón hace historia: "No es cosa de hoy el estar reñida la poesía con la filosofía", citando a continuación versos de poetas satíricos anónimos "que son prueba de su vieja querella"), ha establecido formalmente una de las ordenaciones simbólicas más fuertes y eficaces de nuestro orden cultural; o, en términos derridianos: es una de "las grandes oposiciones estructurales del platonismo".[6] Junto al término jerarquizado (filosofía) se colocan en la argumentación de Platón: el orden —el bien social—, la verdad y la plenitud del ser; y en oposición dicotómica, encolumnados con el término devaluado (poesía), el desorden —moral, institucional, político—, el error y el no-ser o la falta-de-ser.

---

6.   J. Derrida, "La pharmacie de Platón", en *La dissémination*, París, Seuil, 1972 p. 166.

Deleuze observa, respecto no sólo de las oposiciones platónicas sino también de aquéllas que dominan la filosofía occidental posterior por lo menos hasta Hegel, que son interiores a una imagen del pensamiento preconcebida y predeterminante para la actividad filosófica.[7]

Esta imagen se articula en virtud de ciertos postulados implícitos (Deleuze desarrolla ocho) que presentan el "pensamiento como ejercicio natural de una facultad"; ahora bien, ese pensamiento tiene como presupuesto implícito el estar dotado naturalmente para lo verdadero, "bajo el doble aspecto de una buena voluntad del pensador y una recta naturaleza del pensamiento". Esto es lo que Deleuze denomina *cogitatio natura universalis*: la facultad de pensar, que es común a todos los hombres, es naturalmente recta y afín a lo verdadero. Esta imagen está sostenida por el "sentido común" que es, por lo tanto, el buen sentido. De este modo el pensamiento se encuentra "sometido a la imagen que de antemano lo prejuzga todo" (p. 224).

Para Deleuze (así como también para Ludwig Feuerbach y Friedrich Nietzsche) la condición necesaria en filosofía es no tener presupuestos de ninguna clase: "Dicha filosofía tomaría como punto de partida una crítica radical de la Imagen y sus postulados implícitos". Éstos apelan permanentemente a la autoridad del sentido común (de ahí que se presenten bajo la forma de: "... todo el mundo sabe que...") y constituyen un principio deformante que impide el "verdadero comienzo en filosofía", puesto que conducen directamente al reconocimiento como modelo que orienta el análisis filosófico sobre lo que significa pensar. "Semejante orientación es molesta para la filosofía [...] un reconocimiento como modelo trascendental no puede constituir sino un ideal de ortodoxia [...]. La imagen del pensamiento no es sino la figura bajo la cual se universaliza la doxa" (p. 228).

Baste citar, como ilustración de esta predeterminación subjetiva en filosofía, a René Descartes y su concepto de "ideas claras y distintas": aquéllas que se presentan —o se imponen— al entendimiento generando certeza.[8] Vemos aquí que es la confianza plena en los buenos oficios de un pensamiento que detecta infaliblemente la verdad lo que orienta (y falsea) el análisis filosófico: ¿hay búsqueda

---

7.   Véase G. Deleuze, *Diferencia y repetición*, Madrid, Júcar, 1988, pp. 221 y ss.

8.   Véase René Descartes, *Discurso del método y meditaciones metafísicas*, Buenos Aires, Espasa-Calpe, 1950, trad. y notas de Manuel García Morente. Cfr. especialmente Meditación III y Meditación IV, pp. 104-125.

filosófica de la verdad cuando se está tan seguro de que el pensamiento mismo, sin esfuerzo, puede reconocerla de antemano?

Hecha esta brevísima síntesis de los principales postulados de la razón occidental (desde luego insuficiente, por lo que remito a la lectura completa del capítulo III del citado texto de Deleuze), me interesa detenerme —puesto que resulta pertinente para el desarrollo de mi reflexión— en el quinto postulado, que se halla precedido por una referencia al uso empírico y al uso trascendental de las facultades mentales, distinción que permite, por un lado, una consideración nueva y altamente productiva acerca de las posibilidades del pensar, y, por el otro, un corrimiento respecto de la imagen dogmática del pensamiento que desarticularía la oposición dicotómica filosofía-poesía.

En este marco he concebido la hipótesis de la poesía como instancia paradójica que promueve la génesis del pensamiento.

Poesía: límite y afrontamiento

Como hemos observado, la división platónica opera según el modelo de la selección: no establece inocentes pares antitéticos; separa lo claro de lo oscuro, lo bueno de lo malo, el original de las copias, en atención a un criterio de verdad y de bien preestablecidos, que articula y sostiene el principio de selección.

Ahora bien, según un procedimiento recurrente en los diálogos platónicos, la división especificadora le da paso al mito: en *República*, inmediatamente después de la división de la realidad en cuatro, Platón relata su alegoría de la caverna que fundamenta, precisamente, el orden creado por la clasificación que la antecede.

Sabemos que Platón se sirve tanto de la dialéctica como del mito para arribar a sus conclusiones; ahora bien, ¿legitima el mito los resultados obtenidos primero por la dialéctica?, ¿es el mito el presupuesto implícito de la discusión y funda (pre-dice) los resultados de la investigación filosófica? Creo que tanto la hipótesis del privilegio del mito sobre la dialéctica como la contraria desembocan en el mismo punto: la idea dominante en la argumentación platónica es la necesidad de separar lo real de lo imitado, lo que implica separar lo verdadero de lo falso, lo bueno de lo malo. El principio selectivo no "surge" de la discusión ni del mito; está constituido por una opinión previa a la que se le otorga valor de verdad suprema y que opera como presupuesto implícito.

Este procedimiento, como señala Deleuze, lejos de "romper con la doxa", la universaliza. En la operatoria platónica el pensamiento es una facultad naturalmente dotada para encontrar la verdad, común a todo sujeto y que opera bajo el modelo del reconocimiento. La crítica que se opone a este modelo, desde Nietzsche hasta los "pensadores de la diferencia", insiste en el carácter complaciente e inoperante del pensamiento así entendido: "¿Quién puede creer que allí se juegue el destino del pensamiento, y que pensemos siquiera cuando reconocemos?" (p. 229).

Lo que Deleuze propone, y en ello basa su teoría diferencial de las facultades, es que para producir la génesis del pensamiento es necesario hacer afrontar a cada facultad su límite, provocando el encuentro con aquello que está obligada a captar y que es al mismo tiempo inapresable desde el uso empírico de esa facultad. Como sabemos, en esto Deleuze sigue a Kant, quien para el caso de la imaginación establece la categoría de lo sublime como límite propio de esa facultad; el fantasteón, su máximo, es también lo inimaginable. Aquí el pensamiento y la imaginación entran en discordancia y en un estado de violencia recíproca.[9]

La sensibilidad, en presencia de aquello que no puede ser sino sentido y que al mismo tiempo es imposible de percibir desde su ejercicio empírico, está obligada, en un acto que la violenta, a elevarse a su ejercicio trascendente; esto genera la discordancia de las facultades entre sí y con ella, la caída del modelo representativo: el reconocimiento resulta impotente, inepto para generar pensamiento. Lo que obliga a pensar, lo que mueve al pensamiento de su estupor natural, es el encuentro con un objeto que no puede dejar de ser pensado y es impensable en el marco de la representación. Es necesario, por lo tanto, engendrar el objeto-límite o trascendente de cada facultad, con el fin de generar el acto de pensar en el pensamiento y, así, capacitar a cada facultad para abordar lo diferente, y no sólo lo sabido, lo imaginado, lo preconocido.

9.   Véase Immanuel Kant, *Crítica del juicio*, México, Porrúa, 1991. Cfr. especialmente libro II, "Analítica de lo sublime", pp. 237 y ss.

... arrojando palabras hacia el cielo...

Tomando como punto de partida estas reflexiones, considero que hay prácticas poéticas que promueven la posibilidad de pensar la diferencia, de salirse del marco de la representación, en razón de su capacidad de engendrar objetos-límite: lo impensable e indecible desde la oposición, la identidad, la analogía, la semejanza.

El pensamiento afrontando su límite, en un dilema paradójico: decir con el lenguaje aquello que el lenguaje no está capacitado para decir, ergo: salirse del lenguaje para hablar; torcer la finalidad empírica del lenguaje para hacerlo decir lo que, sin embargo, no será capaz de formular. La poesía se funda y se genera en la articulación de esta insoluble paradoja.

Por eso es un acto y es un punto de tensión; es una opción (y en ocasiones absoluta) y es "un sueño sin alternativas" (Pizarnik).

Esto se nos hace presente en la poesía de Alejandra: quienes nos acercamos al poema 13 de *Árbol de Diana* participamos de esta instancia paradójica:

> explicar con palabras de este mundo
> que partió de mí un barco llevándome

Leer es producir sentido, y por eso al leer este poema se produce también en nosotros un afrontamiento; nos topamos con un objeto-límite que casi no podemos concebir.

La poesía nos instala (nos arroja) en el punto nodal de este dilema: tenemos sólo palabras de este mundo para decir aquello que no se puede concebir desde el reconocimiento, desde el uso empírico de nuestra facultad de pensar. La partida-desde mí-llevándome hace circular un sentido, sentido que no puede ser dicho y no es dicho por la proposición (poema)[10] que lo expresa; la proposición poética en este

---

10. He asimilado aquí estos términos porque considero que la problemática del sentido y sus relaciones con las otras dimensiones de la proposición (expresión, designación y significación; véase a propósito G. Deleuze, *Lógica del sentido*, Barcelona, Paidós, 1989) también atañe a la teoría literaria y, más específicamente, a la reflexión sobre el acto poético. Dicho de otro modo, la necesidad epistemológica de superar la lógica proposicional aristotélica a fin de reflexionar sobre el sentido en la formulación lingüística y dar cuenta de su dinamismo promueve, a su vez, cambios y reacomodamientos en algunas categorías e instrumentos de la teoría y la crítica literarias, a fin de desechar

caso lo echa a rodar, tensionando el enunciado hasta su límite, al borde de la quiebra o quebrándolo ya. Por eso decíamos que la poesía es acto, y acto de tensión: sabe de antemano que su sueño es una utopía pero en ese saber se funda y justifica.

CENIZAS

Hemos dicho palabras,
palabras para despertar muertos,
palabras para hacer un fuego,
palabras donde poder sentarnos
y sonreír.

Hemos creado el sermón
del pájaro y del mar,
el sermón del agua,
el sermón del amor.

Nos hemos arrodillado
y adorado frases extensas
como el suspiro de la estrella,
frases como olas,
frases con alas.
Hemos inventado nuevos nombres
para el vino y para la risa,
para las miradas y sus terribles
caminos.

Yo ahora estoy sola
—como la avara delirante
sobre su montaña de oro—
arrojando palabras hacia el cielo,
pero yo estoy sola
y no puedo decirle a mi amado
aquellas palabras por las que vivo.

(En *Las aventuras perdidas*)

---

el presupuesto que considera el lenguaje poético como "desvío" respecto de la norma lingüística convencional. Tal presupuesto genera múltiples malentendidos, entre otros, el de considerar que el texto poético "no tiene sentido" o bien tiene un sentido "oculto" que sólo algún iniciado podría descifrar. Creo que el texto poético mucho aporta a la reflexión sobre el sentido y, más aún, que puede ser considerado como un caso paradigmático de su operatividad.

El plural del verbo en las cuatro primeras estrofas en contraste con el yo de la última parece, puede sugerir, una alusión al carácter paradójico del lenguaje poético.

"Hemos dicho palabras", "Hemos creado el sermón", "Nos hemos arrodillado", "Hemos inventado nuevos nombres", los cuatro versos iniciales de las primeras estrofas que señalan, desde un nosotros indeterminado —quizá el género humano— la complacencia en las posibilidades —el poder— de su lenguaje: "palabras para hacer un fuego, / palabras donde poder sentarnos y sonreír", para cantar al pájaro, al agua y al amor; "frases extensas como el suspiro de la estrella", "frases con alas": palabras, sermones, frases, nombres, todos poderosos y satisfactorios. Pero el lenguaje de "la avara" es precario y su condición de existencia es la más completa soledad, "y no puedo decirle a mi amado / aquellas palabras por las que vivo": montaña inútil de palabras; aun aquellas que me permiten vivir son indecibles.

Este poema es de su segundo libro. Tenía sólo veintidós años, pero la intuición de un lenguaje radicalmente vacío la obsesiona desde sus textos más tempranos. La analogía con la montaña de oro me parece altamente significativa: el oro, emblema del poder; sin embargo, "como la avara delirante / sobre su montaña de oro [...] yo estoy sola / y no puedo decirle a mi amado...".

La soledad, el silencio y el no-poder-decir son núcleos significativos que atraviesan —y desgarran— la totalidad de su obra poética. Una de las características de sus textos es la de citarse unos a otros, en un juego que recrea la dinámica del significante, la fuga del sentido; dirá en "Extracción de la piedra de locura" (*Extracción...*, pp. 134-138):

> El silencio, el silencio siempre, las monedas de oro del sueño [...] ¿qué quieres? Un transcurrir de fiesta delirante, un lenguaje sin límites, un naufragio en tus propias aguas, oh avara.

Volveremos a *Extracción de la piedra de locura*, pero prefiero referirme antes a dos poemas de *Los trabajos y las noches*; son, quizá no casualmente, los que encabezan la primera y la segunda parte del libro:

POEMA	VERDE PARAÍSO
Tú eliges el lugar de la herida	extraña que fui
en donde hablamos nuestro silencio.	cuando vecina de lejanas luces
Tú haces de mi vida	atesoraba palabras muy puras
esta ceremonia demasiado pura.	para crear nuevos silencios.

Considero válido leer estos poemas uno frente al otro, o uno en diálogo con el otro. No sabemos (no importa saberlo) si el título es el vocativo en el primero, si el "tú" del "Poema" es el poema; de todos modos hay un lugar (una herida) "donde hablamos nuestro silencio". En "Verde paraíso" otra vez "atesoraba [¿la avara?] palabras muy puras / para crear nuevos silencios".

Las palabras que van a dar siempre en el silencio o en alguna de las formas del no-decir: "Algo caía en el silencio. Mi última palabra fue yo pero me refería al alba luminosa" ("Caminos del espejo", en *Extracción*...); palabras que buscan el silencio: "¿Y qué deseaba yo? / Deseaba un silencio perfecto. Por eso hablo" (ídem); "... nombres que hilan el silencio de las cosas" (poema 28, *Árbol de Diana*), y podrían seguir las citas. Todas están creando un universo de sentido que insiste, vuelve y se recupera en nuevos poemas "para crear nuevos silencios".

El aplazamiento del sentido

La paradoja del lenguaje que crea silencios, que hace la ceremonia del silencio, que dice (pero no) lo indecible: esta impotencia del lenguaje sólo puede dar lugar a la insistencia del sentido. Será por eso que los grandes poetas tienen grandes y pocas obsesiones: cuando el enunciado se deja atravesar por el sentido queda a merced de la repetición; se ha producido el afrontamiento, el objeto límite ha tensionado la formulación lingüística hasta descentrarla y hacerle cometer el pecado de la repetición que la lógica condena como tautología. Pero está claro que la repetición en Pizarnik es una manifestación del no-poder-decir constitutivo del lenguaje, y al mismo tiempo del anhelo de "una fiesta delirante", de "un lenguaje sin límites".

Quizá sea *Extracción de la piedra de locura* el libro más revelador en cuanto a su manera de concebir el acto poético. Está dividido en cuatro partes; la última la constituyen tres extensas prosas que contrastan con el estilo epigramático de la anterior, "Caminos del espejo"; ésta nos recuerda la intensa brevedad de *Árbol de Diana* y de *Los trabajos y las noches*. Estas prosas, "Extracción de la piedra de locura", "El sueño de la muerte o el lugar de los cuerpos poéticos" y "Noche compartida en el recuerdo de una huida", presentan una singular densidad conceptual que se despeña, que no consigue sostenerse, hacer pie en el enunciado; éste parece siempre estar a punto de revelar un sentido, pero esa revelación se aplaza cada vez, y cada frase parece prologar a la siguiente, que dirá por fin lo que la voz quiere decir, pero no. Esta dinámica de aplazamiento eterno del sentido promueve la extensión de la línea, del párrafo, y el texto así tiende a ocupar la totalidad de la página en blanco:

> ... En un muro blanco dibujas las alegorías del reposo, y es siempre una reina loca que yace bajo la luna sobre la triste hierba del viejo jardín. Pero no hables de los jardines, no hables de la luna, no hables de la rosa, no hables del mar. Habla de lo que sabes. Habla de lo que vibra en tu médula y hace luces y sombras en tu mirada, habla del dolor incesante de tus huesos, habla del vértigo, habla de tu respiración, de tu desolación, de tu traición. Es tan oscuro, tan en silencio el proceso a que me obligo. Oh habla del silencio. [...]
>
> Te despeñas. Es el sinfín desesperante, igual y no obstante contrario a la noche de los cuerpos donde apenas un manantial cesa aparece otro que reanuda el fin de las aguas. [...]
>
> Va y viene diciéndose solo en solitario vaivén. Un perderse gota a gota el sentido de los días. Señuelos de conceptos. Trampa de vocales.
>
> (Fragmentos de "Extracción...", pp. 135-136.)

La marca de este texto es el vértigo, "un proyectarse desesperado de la materia verbal" ("El infierno musical", en *El infierno...*) sin esperanza y sin alternativas.

> ... y quiero morir al pie de la letra del lugar común que asegura que morir es soñar...

Este fragmento ilustra la dinámica del aplazamiento del sentido: el sentido excede, se fuga; la proposición no captura la multiplicidad de sentidos que la habitan o, mejor dicho, la transitan; las escanciones posibles ("quiero morir","quiero morir al pie de la letra", "la letra del lugar común", "el lugar común que asegura","asegura que morir es soñar") no son traducibles por un "significado" ni equivalen a un sustituto permutable: son momentos (artificialmente aislados) de un fluir.

El lenguaje poético así entendido nos permite concebir la idea de un pensamiento desquiciado con respecto a la norma filosófico-ideológica del platonismo. El marco del reconocimiento, que se desdibuja en toda práctica poética, se despedaza aquí bajo la presión de un enunciado resistente a las leyes de la lógica y, por lo tanto, a las restricciones de la práctica lingüística comunicacional, que le roba al lenguaje su cuerpo, su espesor natural.

"Ritmo quebrantado", "himno harapiento", epítetos del lenguaje que se inscriben en el marco de este desfondamiento del concepto tradicional y optimista de un lenguaje todo-poderoso ("palabras para despertar muertos, / palabras para hacer un fuego").

La poesía de Alejandra Pizarnik puede ser leída como una denuncia en la medida en que desenmascara al lenguaje y lo presenta en su precariedad, en su debilidad, en su doblez:

palabras reflejas que solas se dicen
en poemas que no fluyen yo naufrago
todo en mí se dice con su sombra
y cada sombra con su doble.
("Los pequeños cantos", en *Textos de sombra...*)

Este último verso será reelaborado en otro poema: "todo en mí se dice con su sombra y cada yo y cada objeto con su doble" (final de "Tangible ausencia", en *Textos de sombra...*).

En suma, la palabra adscripta siempre al orden de la ausencia, del vacío, del silencio: el no-estar, el no-ser, el no-decir.

Un poema publicado a fines de 1971, meses antes de la muerte de Pizarnik, parece reunir y resumir estas percepciones que encontramos diseminadas en toda su obra anterior:

EN ESTA NOCHE, EN ESTE MUNDO [fragmento]

en esta noche en este mundo
las palabras del sueño de la infancia de la muerte
nunca es eso lo que uno quiere decir
la lengua natal castra

la lengua es un órgano de conocimiento
del fracaso de todo poema
castrado por su propia lengua
que es el órgano de la re-creación
del re-conocimiento
pero no el de la resurrección
de algo a modo de negación
de mi horizonte de maldoror
con su perro
y nada es promesa
entre lo decible
que equivale a mentir
(todo lo que se puede decir es mentira)
el resto es silencio
sólo que el silencio no existe

no
las palabras
no hacen el amor
hacen la ausencia
si digo agua ¿beberé?
si digo pan ¿comeré?
[...]
hablo
sabiendo que no se trata de eso
siempre no se trata de eso
oh ayúdame a escribir el poema más prescindible
el que no sirva ni para
ser inservible
ayúdame a escribir palabras
en esta noche en este mundo.

A esta altura cabría preguntarse: ¿no hemos leído también en *República* que "todos los poetas, empezando por Homero, [...] no son sino imitadores de fantasmas", y que las obras de la imaginación tienen el estatuto ontológico de la sombra y el reflejo? ("Nombres que vienen, sombras con máscaras", "Continuidad", en *Extracción*...).

Pero la radicalidad de la concepción del lenguaje en la poesía de Alejandra Pizarnik desfonda toda fe en el poder de la palabra. Su desmentida —más que escéptica, desesperada— involucra el orden del lenguaje sin establecer jerarquías entre prácticas significantes;

más aún: impugna toda posibilidad de establecerlas.

> Las fuerzas del lenguaje son las damas solitarias, deso-
> ladas, que cantan a través de mi voz que escucho a lo lejos.
> ("Fragmentos para dominar el silencio", en *Extracción*...)

> Las damas de rojo se extraviaron dentro de sus máscaras
> aunque regresarán para sollozar entre flores. (Ibídem)

> No sé dónde detenerme y morar. El lenguaje es vacuo y
> ningún objeto parece haber sido tocado por manos humanas.
> ("Tangible ausencia", en *Textos de sombra*...)

> —Perras palabras. ¿Cómo han de poder mis gritos deter-
> minar una sintaxis? Todo se articula en el cuerpo cuando el
> cuerpo dice la fuerza inadjetivable de los deseos primitivos.
> —Apenas digo el espacio donde se escribe el signo del
> reflejo de un pensar que emana gritos. ("Casa de citas", en
> *Textos de sombra*...)

Platón atribuye esta vacuidad, esta insustancialidad radical, a la práctica poética y así la constituye en el negativo necesario para articular su oposición jerárquica. La argumentación platónica parece necesitar —como exigencia metodológica— pares antitéticos; así la concepción del logos requiere, para sostener su jerarquía en este esquema categorial dicotómico, un negativo absoluto que le sirva de contracara, de imagen especular invertida.

En última instancia, lo que se pone en cuestión desde la poética de Alejandra Pizarnik es el fundamento de las jerarquías en el orden simbólico: ¿qué justifica el principio de jerarquización (cualquiera sea) en un registro, un orden, una dimensión constituida por todos los matices concebibles de la ausencia?

El principio de selección establecido por el platonismo se articula (como ya hemos visto) sobre la escala del ser; pero ¿puede darse una gradación de sustancialidad en el lenguaje? Y, desde esta perspectiva, ¿cómo se puede garantizar que la filosofía sea menos una práctica significante que la poesía, y que conduzca a los hombres por el camino de la verdad que es el bien que es la dicha?

Walter Kaufmann señala y justifica ampliamente el carácter dogmático de las afirmaciones platónicas y aristotélicas sobre los poetas y su obra: "Platón habló de los poetas como un profeta;

Aristóteles como un juez",[11] "cuando Platón y Aristóteles hablan de los poetas trágicos, es evidente que también ellos se consideran superiores".[12]

Esta tradición autoritaria, como señala Kaufmann, es griega; la idea de rango es muy fuerte en la cultura helénica desde que se tiene memoria de ella; es muy clara en la *Ilíada*: la superioridad y la inferioridad de los hombres, el estar más cerca o más lejos de lo superior como categoría absoluta (superioridad o inferioridad, por otra parte, inamovibles, como determinaciones ontológicas del ser individual, no sujetas a cambio).

Esta noción o conjunto de nociones está presente y operante en nuestra cultura occidental, y su carácter ideológico-dogmático permanece implícito; de ahí que su impronta en nuestras ordenaciones simbólicas necesite ser desvelada ("desnaturalizada", en términos de Adorno; "deconstruida" en términos de Derrida). Una vez más se nos hace presente la vecindad, tan cara al pensamiento de Martin Heidegger, entre "destruir" y "descubrir": para plantear su analítica del Dasein, es necesaria la destrucción de la historia de la ontología; el intento de un pensar no-metafísico engendra la destrucción y el descubrimiento en un mismo acto de revelación.

Como decía en la introducción de este trabajo, los presupuestos ideológicos aceptados por el "sentido común" y jerarquizados por el orden institucional dominan la base epistemológica de una cultura, controlan su autocrítica y operan en el juego de las fuerzas sociales determinando, junto con una red de mecanismos de opresión (física y simbólica), un conjunto de grupos silenciados o, más aún, inexistentes, "fuera de registro". Es en el seno de estos grupos donde suelen concebirse y construirse los modos de ruptura. Sus ejes de visibilidad y desfondamiento —que se potencian unos a otros— operan en la multiplicidad de registros propia del orden cultural. En este sentido, como ya se ha dicho, la poesía (sobre todo a partir de las primeras décadas del siglo) juega y ha jugado un papel singular en Occidente.

Como sabemos, la obra de Alejandra Pizarnik se vincula, más que con una tradición, con una estética que presenta como carácter distintivo el borramiento de los límites entre vida cotidiana y poesía. Me refiero a

11.   Walter Kaufmann, *Tragedia y filosofía*, Barcelona, Seix Barral, 1978, pp. 25 y ss.

12.   Ibídem.

la estética surrealista que se expresa paradigmáticamente en la escritura de Antonin Artaud.

Es justamente Alejandra Pizarnik quien rescata este proyecto poético-vital:

> Hay una palabra que Artaud reitera a lo largo de sus escritos: eficacia. Ella se relaciona estrechamente con su necesidad de metafísica en actividad, y usada por Artaud quiere decir que el arte —o la cultura en general— ha de ser eficaz de la misma manera en que nos es eficaz el aparato respiratorio...[13]

En los manifiestos de 1924 y de 1930 y, especialmente, en la declaración del 27 de enero de 1925 (redactada íntegramente por Artaud) los protagonistas del movimiento anuncian claramente sus intenciones y con ellas su programa —aunque este último término resulta ciertamente contradictorio con el carácter asistemático y antiburocrático que los define—:

> El Surrealismo no es una forma poética.
> Es un grito del espíritu que se vuelve hacia sí mismo decidido a pulverizar desesperadamente sus trabas.
> Y con martillos verdaderos si fuera necesario![14]

Así concluye esta carta abierta, declarando en la formulación de sus objetivos el carácter vital y no estrictamente literario de sus prácticas. Y no empleo inocentemente esta expresión: el surrealismo se constituye como una práctica social y como una práctica literaria, pero no es ambas cosas por separado; el carácter insurreccional y revolucionario[15] de su hacer compromete todas las esferas de la actividad humana en las que los protagonistas de este movimiento incursionan. Es, indudablemente, su escritura el lugar donde erigen los "martillos"

13. Del prólogo de A. Pizarnik a Antonin Artaud, *Textos*, Buenos Aires, Aquarius, 1971, p. 22, trad. de A. Pizarnik y A. López Crespo.

14. A. Artaud, *Carta a los poderes*, Buenos Aires, Argonauta, 1988, p. 13, comp., versión y nota de Juan Andralis y Mario Pellegrini.

15. "3° Estamos completamente decididos a hacer una Revolución.

"4° Hemos decidido asociar la palabra SURREALISMO a la palabra REVOLUCIÓN, sólo para mostrar el carácter desinteresado, independiente y hasta absolutamente desesperado de esta revolución" (ídem, pp. 11-12).

para liberar al espíritu de sus trabas; pero esos martillos simbólicos se transforman, por su singular intensidad, en "martillos verdaderos" que cuestionan y atentan contra el orden establecido en todos los niveles de la estructura social. El movimiento surrealista asume el compromiso de una búsqueda que implicará necesariamente ruptura y transgresión, promoviendo la caída del paradigma lógico de la modernidad, al postular "la armonización de estos dos estados en apariencia tan contradictorios que son el sueño y la realidad, en una especie de realidad absoluta, en una sobrerrealidad o surrealidad...".[16]

Se declaraba abiertamente, en una actitud que tendrá seguidores, una verdadera guerra en el orden simbólico: podemos denominarla hoy la guerra contra el logocentrismo, librada palmo a palmo en cada verso, en cada gesto de este movimiento que le otorga a las imágenes valor de verdad suprema y las declara única guía del espíritu:

> La noche de los relámpagos. Tras esta noche, el día es la noche.[17]

En palabras de Antonin Artaud, esta declaración asume un tono profético y un grado de violencia inquietante:

> Ceded al Omni-Pensamiento. Lo maravilloso está en la raíz del espíritu, en el interior de la cabeza. Ideas, lógica, orden, Verdad (con V mayúscula), Razón: todo lo ofrecemos a la nada de la muerte. Cuidado con vuestras lógicas, señores, cuidado con vuestras lógicas; no imagináis hasta dónde puede llevarnos nuestro odio a la lógica.[18]

---

16. André Breton, "Primer manifiesto surrealista" (1924), en Maurice Nadeau, *Documents surréalistes*, París, Seuil, 1948.

17. Ibídem.

18. A. Artaud, "A la mesa!", editorial de *La Revolución Surrealista*, 3, París, 1925 (citado en A. Artaud, *Carta a los poderes*).

Hacia una arqueología del silencio

> ¿Y por qué hablaba como si el silen-
> cio fuera un muro y las palabras colores
> destinadas a cubrirlo?...
>
> Alejandra Pizarnik

Las palabras cubren el silencio, ese "silencio perfecto" (el "silencio más puro") del que habla Pizarnik.

He utilizado en el título la expresión de Michel Foucault[19] no porque me proponga una tarea intelectual de tamaña envergadura, sino porque considero que el silencio en la escritura es una presencia y una señal: pone de manifiesto ciertas configuraciones del lenguaje poético que constituyen, precisamente, su condición de posibilidad.[20]

Creo que el silencio en la escritura es algo presente en el modo de la ausencia. Surge a partir de la debilidad o la caída de ciertos rasgos propios del discurso comunicativo. En otros términos, el silencio como huella discursiva se hace presente en virtud de una carencia: la de algunos principios constitutivos del lenguaje convencional. Me interesa señalar al menos tres inscripciones de esta ausencia, esta carencia, esta debilidad, las que desde luego no se dan por separado:

1. en la dimensión sintagmática;
2. en el carácter representativo del yo en el enunciado (la ausencia del sujeto en su discurso), y
3. en la potencia o intención de referencialidad.

La promoción de lo fragmentario, la discontinuidad

Creo que el lenguaje literario adquiere cuerpo (y el silencio su condición de existencia) cuando la dimensión horizontal y plana que establece un vínculo sintagmático entre los episodios de una novela, entre las líneas de un texto, entre las palabras de una línea, pierde protagonismo o relevancia, y da lugar a la dimensión vertical y

---

19. Michel Foucault, *Historia de la locura en la época clásica*, México, FCE, 1976, p. II.

20. Véase, a propósito, la explicitación del concepto de "arqueología" en el prefacio a M. Foucault, *Las palabras y las cosas*, Barcelona, Planeta, 1984.

discontinua, la que presenta cada episodio en su diferencia, cada línea y cada palabra —o menos— potenciando todo el resplandor de su propia (e infinita) intensidad.

Las relaciones de continuidad —el eje sintagmático— son la articulación misma del lenguaje, su condición necesaria; y es esta continuidad la que se encuentra cuestionada en la práctica poética que nos ocupa:

> Éstas son las versiones que nos propone:
> un agujero, una pared que tiembla...

poema 2 de *Árbol de Diana*, en el que vemos la caída de la dimensión sintagmática: ¿quién nos propone?, ¿versiones de qué? Éste es un poema completo, pero presenta la calidad del fragmento: subraya su discontinuidad, su desobediencia a las leyes de la lengua que exigen significados completos. El poema nos habla de versiones que no tienen relación de referencia con ningún original, ni siquiera lo evocan; sólo la reflexión (en la que persistimos) y los imperativos del sistema lingüístico le reclaman a ese sustantivo un antecedente que lo justifique. Y estas versiones son nada menos que "un agujero, una pared que tiembla...". El primero parece duplicar la ausencia de aquel original inexistente; podemos pensar, una versión de una ausencia: otra ausencia. La segunda nos instala en un estado de inminencia, de ruina —palabra tan cara a Pizarnik— inevitable: lo que es-ha-sido: otra versión de la ausencia.

La ausencia inscripta, atravesando el enunciado, taladrando en silencio la obsesión de presencia que domina la intención del lenguaje representativo: creemos que decimos cosas cuando hablamos. La paradoja del decir se efectúa de manera admirable en este brevísimo poema: decir la ausencia, o bien, la ausencia es lo único que se puede decir.

El texto y el silencio: la falta. El vacío de la nominación

> ... este lugar
> al que siempre nadie llega...
> ALEJANDRA PIZARNIK

La paradoja del decir desemboca en el desafío de un lenguaje que "no se resigna" a su vocación de ausencia (de ser sombra/doble/máscara/reflejo) y se propone superar (remontar) por una parte, la arreferencialidad, el vacío radical de un lenguaje que no-dice; y por otra, la ajenidad —la ausencia— del sujeto respecto de su discurso.

Con la singular combinatoria de intensidad, síntesis y belleza propia de sus textos breves, Pizarnik expresa en cinco palabras el desafío de Artaud (que es también el suyo) de habitar en sus palabras, de conquistarlas como a un territorio: "el Verbo se hizo carne". Desde luego, la "repetición" de la frase bíblica no es inocente ni casual: se calca la proposición pervirtiendo su sentido, haciendo estallar la univocidad del logos :

> Sí, el Verbo se hizo carne. Y también, y sobre todo en Artaud, el cuerpo se hizo verbo. ¿En dónde, ahora, su viejo lamento de separado de las palabras? [...] el verbo de Artaud, es decir Artaud, rescata, encarnándola, la abominable miseria humana. Artaud, como Van Gogh, como unos pocos más, dejan obras cuya primera dificultad estriba en el lugar —inaccesible para casi todos— desde donde las hicieron.[21]

Vemos aquí una relación especial y distintiva entre lenguaje y subjetividad: esta práctica se propone —ya lo hemos dicho— como un punto de tensión, una avanzada en el deseo de abolir el carácter representativo-imaginario del yo en el enunciado; esto es: si bien el sujeto no puede cancelar ni superar su ajenidad respecto de su propio discurso (el yo del enunciado es el representante de una ausencia, en palabras de Lacan, y esta certeza opera de manera estructurante en la poética de Pizarnik), sí puede desafiar esa otredad:

---

21.   Prólogo a A. Artaud, *Textos*, p. 25.

En la cima de la alegría he declarado acerca de una música jamás oída. ¿Y qué? Ojalá pudiera vivir solamente en éxtasis, *haciendo el cuerpo del poema con mi cuerpo, rescatando cada frase con mis días y con mis semanas, infundiéndole al poema mi soplo* a medida que cada letra de cada palabra haya sido sacrificada en las ceremonias del vivir.

("El deseo de la palabra", en
El infierno..., Las bastardillas son mías.)

Las tres estructuras paralelísticas subrayadas son la declaración de un desafío que es deseo ("Ojalá...") que se sabe imposible ("Ojalá pudiera..."). Un imposible que se concibe a sí mismo y se postula como posibilidad: un deseo incolmable que avanza, no obstante, en la dirección de su objeto perdido desde siempre: "haciendo", "rescatando", "infundiéndole al poema", salvándolo de su vacío feroz, pero "con mi cuerpo", "con mis días y con mis semanas", "con mi soplo", a costa del sujeto: el agujero, la ausencia, la hendidura, la grieta (la vacuidad insoportable del nombre-máscara) cobrará un muy alto precio a quien se atreva a desafiarlo. No se pasa indemne la barrera del lenguaje, y la poesía de Pizarnik lo sabe:

¿Cómo se llama el nombre?
Un color como un ataúd, una transparencia que no atravesarás...
("En un otoño antiguo", en Extracción...)

La advertencia nos instala en el código del mandato religioso o del imperativo moral, en presencia de la muerte, que no podía faltar a la cita.

El silencio como presencia operativa: la falta que da lugar al deseo, el objeto perdido que ese deseo busca y que la palabra nombra a condición de ser sólo ropaje, manto, veladura.

Salirse del lenguaje para hablar, para caer en el silencio que la palabra nombra, ausencia vehiculizada por la palabra que la engendra: punto de tensión y de desfallecimiento a la vez, donde el lenguaje ostenta su máscara y señala el vacío que bordea:

Por amor al silencio se dicen miserables palabras. Un decir forzoso, forzado, un decir sin salida posible, por amor al silencio, por amor al lenguaje de los cuerpos. Yo hablaba. En mí el lenguaje es siempre un pretexto para el silencio. Es mi manera de expresar mi fatiga inexpresable. [...] Mi orientación más profunda: la orilla del silencio. Palabras intercesoras, señuelo de vocales. ("Palabras", en *Textos de sombra*...)

El objeto perdido que el deseo busca, que el lenguaje nombra/ oculta, está siempre más allá; jamás se encuentra donde se muestra, jamás está donde se lo espera. Creo que es esta presencia en el modo de la ausencia radical lo que se evoca —y se enmascara— en esa figura plural y paradójica que atraviesa toda la obra de Pizarnik: el jardín.

Parece ser "este lugar / al que siempre nadie llega" ("Sobre un poema de Rubén Darío").

1)
Jardín recorrido en lágrimas
habitantes que besé
cuando mi muerte aún no había nacido.

("La caída", en *Las aventuras perdidas*)

2)
DESMEMORIA

Aunque la voz (su olvido
volcándome náufragas que son yo)
oficia en un jardín petrificado
recuerdo con todas mis vidas
por qué olvido.

(En *Los trabajos y las noches*)

3)
RESCATE

Y es siempre el jardín de lilas del otro lado del río. Si el alma pregunta si queda lejos se le responderá: del otro lado del río, no éste sino aquél

(En *Extracción...*)

4)
... Y el jardín de las delicias sólo existe fuera de los jardines...

("Inminencia", en *Extracción...*)

El jardín parece ser el significante privilegiado de la falta: por eso es un lugar inaccesible, o, más precisamente, constituye un no-lugar, el lugar que siempre falta allí donde debería estar:

5)
        Sólo buscaba un lugar más o menos propicio para vivir, quiero decir: un sitio pequeño donde cantar y poder llorar tranquila a veces. En verdad no quería una casa; Sombra quería un jardín.
        —Sólo vine a ver el jardín —dijo.
        Pero cada vez que visitaba un jardín comprobaba que no era el que buscaba, el que quería. Era como hablar o escribir. Después de hablar o de escribir siempre tenía que explicar:
        —No, no es eso lo que yo quería decir.
        Y lo peor es que también el silencio la traicionaba.
        —Es porque el silencio no existe —dijo.
        El jardín, las voces, la escritura, el silencio.
        (Prosa sin título, 1 de mayo de 1972,
        en *Textos de sombra...*)

Admirablemente se nombra aquí el misterio del deseo (se nombra, es decir, se cubre o se recubre, se bordea), la falla del goce, la diferencia que no hace más que circular escapando a las palabras y a los lugares fijos, porque resiste a todo género de identificación. "El jardín, las voces, la escritura, el silencio", múltiples inscripciones de la misma paradoja.

Lo impensable, nuevamente, el objeto-límite quebrando el enunciado, desajustándolo y descentrándonos: el jardín es un espacio delimitado por el deseo, articulado por la falta que engendra la metonimia eterna del sentido, y al mismo tiempo es un espacio que no puede ser designado, no puede ser alcanzado ni siquiera por el pensamiento: es un no-lugar, el lugar del no-encontrar, del no-entrar y del no-poder-decir:

6)
no, la verdad no es la música
yo, triste espera de una palabra

que nombre lo que busco
¿y qué busco?
no el nombre de la deidad

no el nombre de los nombres
sino los nombres precisos y preciosos
de mis deseos ocultos

algo en mí me castiga
desde todas mis vidas:
—Te dimos todo lo necesario para que comprendieras
y preferiste la espera,
como si todo te anunciase el poema
(aquel que nunca escribirás porque es un jardín inaccesible.
—sólo vine a ver el jardín—)
> (Poema sin título, en *Textos de sombra*..., p. 247)

7)
sólo vine a ver el jardín.
tengo frío en las manos.
frío en el pecho.
frío en el lugar donde en los demás se forma el pensamiento.
no es este el jardín que vine a buscar
a fin de entrar, de entrar, no de salir.
> (Poema sin título, en *Textos de sombra*..., p. 248)

Vemos nuevamente la operatoria deconstructiva en la poesía de Pizarnik. El jardín, culturalmente asociado al bien-estar, se constituye en el lugar de la ausencia, del no-estar, del puro-no. Está claro que no se trata de negar lógicamente las connotaciones del jardín convencional (Edén, *locus amoenus*) sino de astillar el signo hasta quebrarlo como "espejo unificante" (Julia Kristeva), y reconstruir en él otro jardín, que no anula ni excluye al primero (por eso es, a fin de cuentas, un jardín). Lugar tan deseado como temido, lugar ambivalente que despliega su diferencia en la medida en que es él y su otro: es el encuentro plural y divergente de elementos que "difieren", reunidos por una operación significante que no los une ni los sintetiza: los afirma a todos, los con-voca (los nombra a todos de una vez). Así el jardín es, como ningún otro a mi juicio en la poesía de Pizarnik, un elemento paradójico. Ahora bien, lo paradójico es eminentemente dinámico. Lo que quiero decir es que pone en evidencia el carácter siempre fugitivo del sentido; el jardín en Pizarnik no "tiene" (como posesión o herencia) un significado; justamente es el lugar de una divergencia que genera efectos de sentido.

Este dinamismo paradójico, como hemos señalado, rompe con el carácter fijo y unívoco del signo y, por lo tanto, corroe la potencia de referencialidad del lenguaje representativo. La poesía desmiente siempre la pretendida intención denotativa del lenguaje y hace caer su máscara pero sólo para mostrar que debajo hay otra, y luego otra, y otra más.

En los versos finales del "Poema para el padre" (*Textos de sombra...*) se nombra este dinamismo paradójico, este vacío de la nominación que es una incuestionable presencia; tres versos lo anteceden, en el límite superior de la página, casi como un epígrafe:

Una textura de luz en la que la mano se hundiría
como en la blanda tierra que te cubre, padre mío
de ojos azules recién llegado a tu nuevo lugar callado.

POEMA PARA EL PADRE

Y fue entonces
que con la lengua muerta y fría en la boca
cantó la canción que no le dejaron cantar
en este mundo de jardines obscenos y de sombras
que venían a deshora a recordarle
cantos de su tiempo de muchacho
en el que no podía cantar la canción que quería cantar
la canción que no le dejaron cantar
sino a través de sus ojos azules ausentes
de su boca ausente.
de su voz ausente.
Entonces, desde la torre más alta de la ausencia
su canto resonó en la opacidad de lo ocultado
en la extensión silenciosa
llena de oquedades movedizas como las palabras que escribo.

Este poema habla de la muerte y de la canción, de la canción del padre y del poema; en el lugar de la muerte se dibuja, se esculpe, el lugar del canto: "la extensión silenciosa / llena de oquedades movedizas..." es el lugar ambivalente de la muerte y de "las palabras que escribo".

en este mundo de jardines obscenos y de sombras [...]
en el que no podía cantar la canción que quería cantar
[...]

141

sino a través de sus ojos azules ausentes
de su boca ausente.
de su voz ausente.
Entonces,...

Sólo a través de la ausencia (desde su torre más alta) es posible
el poema; "su canto resonó..." pero "en la extensión silenciosa". Sólo allí
—en ese "lugar callado"— resuena el canto.

El silencio y sus diversas maneras: la ausencia que se nombra,
el vacío y el exceso móvil de la palabra y sus máscaras, son la condición
necesaria para el canto. Se ha invertido nuestra hipótesis: es el
silencio el que da lugar a la existencia del poema. Sólo desde allí se
habla, desde esa extensión silenciosa "se dicen miserables palabras"
("Palabras", en *Textos de sombra*...).

Silencio muerte poema ausencia sombra: la línea obligatoria del
lenguaje impide leer estas palabras una sobre otra; pero una sobre
otra se leen en la poesía de Pizarnik, una en la otra.

Esta constelación (como una conspiración de ausencias, de
invisibilidades) construye en la obra de Alejandra Pizarnik un espacio, una oquedad, algo así como un campo cargado que circula y que
genera movimiento incesante.

Así como el campo electromagnético se traslada en virtud de
una condición de contorno que lo vehiculiza pero que no lo contiene, del
mismo modo esta constelación de palabras constituye la condición de
contorno de un campo pulsional que no se puede nombrar, cuyo
nombre no existe, cuya naturaleza es indecible.

Lo pulsional es preverbal, es silencioso, es innombrable pero
actúa, opera, genera; no se ve ni se oye pero está y no cesa, y, para
intentar decirlo, se rompe el lenguaje a paladas:

La canción desesperada no se deja decirse.
La materia verbal errante no cesa de emanar del
centro que no es centro, del mareo de las flores
auríferas imbuidas del oro de los buscadores de oro.
("Los ojos primitivos", en *Textos de sombra*...)

El texto es arrastrado por la corriente de las líquidas, para
intentar decir (pero "La canción desesperada no se deja decirse") el
nombre que no se dice jamás. No obstante, hay un sentido que se

efectúa y circula a fuerza de quebrar las normas del lenguaje en virtud de procedimientos múltiples, entre los que he señalado algunos: el astillamiento del signo, la promoción de lo fragmentario, la tensión impresa al enunciado poético con el fin (y el efecto) de desenmascararlo —pero debajo de la máscara hay vacío— y denunciar la impotencia del decir que sólo puede nombrar la ausencia; el poema sólo resuena en el silencio y desde el lugar callado de la muerte.

La lectura como acontecimiento

> Yo era la fuente de la discordancia,
> la dueña de la disonancia, la niña del
> áspero contrapunto.
>
> ALEJANDRA PIZARNIK

Difícil es arribar a alguna conclusión en el sentido clásico de la palabra. La poesía de Pizarnik nos despoja de la fe en ese tipo de herramientas lógicas. Su lectura opera transfigurando un modo (¿occidental?, ¿lógico?, ¿ideológico?) de leer. Desaloja un régimen de lectura, instaura otro: lo que se lee deja de aparecer como el objeto —plano y fijo— de una escritura previa al acontecer de la lectura, y se presenta (arrecia) como el espacio de un acontecimiento. Lo que uno lee es el escenario de un acontecer siempre original, porque no se puede repetir (repetir el acto de leer un poema es producir otra lectura, otro poema).

Ese acontecer que llamamos lectura y que necesariamente, por su naturaleza, opera, modifica, transforma, efectúa, genera, se encuentra altamente potenciado por los textos de Alejandra Pizarnik, dado que, como he intentado señalar en estas páginas, fisuran, agrietan, violentan un modelo de pensamiento según el cual nuestras facultades mentales sólo saben y puede reconocer, o se equivocan sólo cuando reconocen mal. La poesía engendra pensamiento "más allá" de ese modelo. Promueve el acontecimiento-lectura, es decir: leer no es aquí leer-lo-escrito, como acto fagocitador, cronológica y gnoseológicamente posterior al acto creador y único, el único original respecto del cual las lecturas serían copias. Tampoco es dable pensar el acto de leer como productor de una versión o de una interpretación del texto; éste es un concepto sin duda más moderno y menos elemental

Aquí (en la poesía de Pizarnik que se postula insistentemente como un lugar) la lectura presenta el mismo estatuto productivo que la escritura; es un acontecimiento tan generativo y fecundo como el acto de escribir. Ambos son, en consecuencia, acontecimientos que se necesitan y se producen recíprocamente. Ambos constituyen, pues, el acto creador y productor de sentido que como tal es cada vez, cada única vez, diferente y nuevo.

El corrimiento que efectúa la poesía de Pizarnik con respecto a la imagen dogmática del pensamiento impugna, pues, la idea de lectura como acto re-conocedor, reproductor, capturado en el marco de la representación. En este sentido he hablado de la poesía como acto, y acto de tensión, que engendra, dándole estatuto de existencia, aquello que no puede ser reconocido; lo diferente, lo que no se esculpe sobre un modelo, lo que no se calca sobre una imagen ni la reproduce:

> ... el objeto sin nombre que nace y se pulveriza en el lugar en que el silencio pesa como barras de oro [...] Hablo del lugar en que se hacen los cuerpos poéticos...
> ("El sueño de la muerte o el lugar de los cuerpos poéticos", en *Extracción...*)

Se expresa lo impensable, lo indecible, que no obstante la poesía bordea, sabiéndose máscara pero sin resignarse a ello:

> [...] —No hago otra cosa que buscar y no encontrar. Así pierdo las noches.
> Sintió que era culpable de algo grave.
> —Yo creo en las noches —dijo.
> A lo cual no supo responderse: sintió que le clavaban una flor azul en el pensamiento con el fin de que no siguiera el curso de su pensamiento hasta el fondo.
> (Prosa sin título, en *Textos de sombra...*, p. 230)

Siete poemas reunidos bajo el título "Figuras de la ausencia" constituyen la tercera parte de *El infierno musical*.[22]

---

22. Publicado en 1969 como parte del libro *Nombres y figuras*. Véase *Obras completas*, p. 145, nota de la edición. Los poemas se titulan: "La palabra que sana"; "Los de lo oculto"; "L'Obscurité des eaux"; "Gesto para un objeto"; "La máscara y el poema"; "Endechas" y "A plena pérdida".

Este corpus bordea el campo —del que habláramos un poco antes— que la voz poética intenta designar con la constelación: silencio muerte poema ausencia sombra. Eso innombrable que no obstante genera el poema (la ausencia que da lugar y sentido a la palabra) está presente de manera muy particular en este grupo de textos cuyo título sugiere el carácter paradójico de la poesía, aludida casi siempre por la figura del canto:

LA PALABRA QUE SANA

Esperando que un mundo sea desenterrado por el lenguaje, alguien canta el lugar en que se forma el silencio. Luego comprobará que no porque se muestre furioso existe el mar, ni tampoco el mundo. Por eso cada palabra dice lo que dice y además más y otra cosa.

Éste es el primer poema del corpus y creo que, con una claridad inusual, enuncia el problema, por decirlo de algún modo. Describe un estado de cosas: la espera absurda de "alguien" que cree en el lenguaje y en su poder de develamiento ("que un mundo sea desenterrado"); pero ese "alguien canta el lugar en que se forma el silencio". Parece anunciarse aquí el poema posterior, ya citado, que considero algo así como el arte poética de Alejandra Pizarnik:

no
las palabras
no hacen el amor
hacen la ausencia
si digo agua ¿beberé?
si digo pan ¿comeré?
en esta noche en este mundo
extraordinario silencio el de esta noche
[...]
los deterioros de las palabras
deshabitando el palacio del lenguaje.
("En esta noche en este mundo", en *Textos de sombra...*)

La furia del mar no es prueba de su existencia, ni el lenguaje puede demostrar que exista el mundo. Como decíamos a propósito del "Poema para el padre", sólo se canta el silencio "desde la torre más alta de la ausencia".

No rehúyo la tentación de citar y recitar poemas porque así "funciona" la poesía de Pizarnik; como ya he dicho, su dinamismo recrea el movimiento incesante del sentido que siempre se fuga, que nunca está donde se lo nombra porque no puede ser nombrado: "... el fracaso de todo poema / castrado por su propia lengua..." (ibídem).

Otro poema de este corpus, "Endechas", se divide en cinco textos breves. Cito el cuarto, que de modo más hermético y también más inquietante, repite, insiste, vuelve sobre la obsesión de la palabra y su vacío feroz:

> Las metáforas de asfixia se despojan del sudario, el poema. El terror es nombrado con el modelo delante, a fin de no equivocarse.

Ahora bien, este vacío de la nominación, como queda señalado en páginas precedentes, compromete de manera radical al sujeto de la enunciación. Puesto que el único yo posible —pensable— es la figuración discursiva yo, el lenguaje hace posible —es el lugar— de la subjetividad. Si caen las palabras, caerá el yo:

L'OBSCURITÉ DES EAUX

> Escucho resonar el agua que cae en mi sueño. Las palabras caen como el agua yo caigo. Dibujo en mis ojos, nado en mis aguas, me digo mis silencios. Toda la noche espero que mi lenguaje logre configurarme.

Esta última declaración sintetiza un anhelo imposible, "un sueño sin alternativas". Me sorprende la lucidez con que este anhelo aparece también en su diario:

> Exasperación espacial. Ignoro en dónde están mis escritos. Son demasiados y son demasiado. Imposible saber dónde estoy si antes no los ordeno.[23]

Recordamos inevitablemente un sinfín de textos que vinculan la poesía con la herida —la grieta, la fisura, la desgarradura—. Creo

---

23.　Alejandra Pizarnik, *Semblanza*, México, FCE, 1992, pp. 285-286, intr. y compil. de Frank Graziano.

que se trata precisamente de la herida del sujeto, como lo expresa con claridad asombrosa el poema "En esta noche en este mundo":

> mi persona está herida
> mi primera persona del singular

Volvamos al corpus "Figuras de la ausencia", que me ha permitido hilvanar estas líneas a modo de conclusión:

LA MÁSCARA Y EL POEMA

El espléndido palacio de papel de los peregrinajes infantiles.
A la puesta del sol pondrán a la volatinera en una jaula, la llevarán a un templo ruinoso y la dejarán allí sola.

La infancia del primer verso se opone a la puesta de sol de la segunda estrofa, como se opone el palacio de papel a la jaula, lo espléndido a lo ruinoso. Desde luego no se oponen en el sentido lógico tradicional de la palabra; diríase más bien: se diferencian.

La imagen de la volatinera (la que supo danzar sobre la cuerda) a la puesta de sol, en una jaula dentro de un templo ruinoso y en completa soledad, es —quizá— una de las imágenes más desgarradoras y densas de los poemarios de Alejandra Pizarnik; al mismo tiempo, la diferencia establecida por el intervalo con "El espléndido palacio de papel de los peregrinajes infantiles" la indica como una figuración del abismo, de la "negra licuefacción".

Vuelvo, por última vez, al poema "En esta noche en este mundo" (quizá se entienda ahora por qué lo considero el arte poética de Pizarnik):

> en esta noche en este mundo
> las palabras del sueño de la infancia de la muerte
> nunca es eso lo que uno quiere decir
> [...]
> sombras
> recintos viscosos donde se oculta
> la piedra de la locura
> [...]
> palabras embozadas
> todo se desliza
> hacia la negra licuefacción

[...]
y el perro de maldoror
en esta noche en este mundo
donde todo es posible
salvo
el poema
[...]

Me permito, para terminar, pedirle la palabra a Olga Orozco, quien ha sido para Alejandra Pizarnik —como sabemos— su madre literaria. Cito la última parte de la bellísima "Pavana para una infanta difunta":

[...] Ah! los estragos de la poesía cortándote las venas con el
                                    [filo del alba,
y esos labios exangües sorbiendo los venenos en la
                                    [inanidad de la palabra!
Y de pronto no hay más.
Se rompieron los frascos.
Se astillaron las luces y los lápices.
Se desgarró el papel con la desgarradura que te desliza
                                    [en otro laberinto.
Todas las puertas son para salir.
Ya todo es al revés de los espejos.
Pequeña pasajera,
sola con tu alcancía de visiones
y el mismo insoportable desamparo debajo de los pies:
sin duda estás clamando por pasar con tus voces de ahogada,
sin duda te detiene tu propia inmensa sombra que aún
                                    [te sobrevuela en busca de otra,
o tiemblas frente a un insecto que cubre con sus
                                    [membranas todo el caos,
o te amedrenta el mar que cabe desde tu lado en esta lágrima.
Pero otra vez te digo,
ahora que el silencio te envuelve por dos veces en sus
                                    [alas como un manto:
en el fondo de todo hay un jardín.
Ahí está tu jardín,
Talita cumi.

Herencias femeninas: nominalización del malestar

Cecilia Secreto

Mucho tiempo después, Edipo, viejo y ciego, recorrió los caminos. Sintió un olor familiar. Era la Esfinge. Edipo dijo: "Quiero hacer una pregunta. ¿Por qué no reconocí a mi madre?". "Diste la respuesta equivocada", dijo la Esfinge. "Era la única respuesta acertada", respondió Edipo. "No", dijo ella. "Cuando pregunté qué camina en cuatro patas a la mañana, dos al mediodía y tres al ocaso, contestaste el Hombre. No dijiste nada sobre la mujer."

"Cuando dices Hombre", replicó Edipo, "incluyes a las mujeres también. Todos lo saben". Ella dijo: "Eso es lo que tú crees".

MURIEL RUKEYSER

¿Qué es eso de qué es la mujer?

Cuando una, tras años de leer teorías feministas y a punto de iniciar un trabajo de investigación, se pregunta "¿qué es la mujer?" advierte que, en realidad, puede tratarse de una pregunta improcedente, pues, como dice Luce Irigaray, "las mujeres no deben rivalizar con los hombres construyendo una lógica de lo femenino que volvería a seguir el modelo de la ontoteología. Deben tratar más bien de separar esta cuestión de la economía del logos. Por lo tanto no deben formular la pregunta «¿qué es la mujer?». Deben demostrar mediante la repetición e interpretación de la forma en la que se define lo femenino en el discurso (como carencia, como ausencia, como imitación o como reproducción invertida del sujeto) que en el lado femenino es posible superar y alterar esta lógica".[1]

Elijo este fragmento de Irigaray para comenzar porque en él encuentro prácticamente planteado el método o el camino a seguir en este trabajo. Debe prestarse suma atención a no caer en las trampas de un falocentrismo invertido y no buscar como respuesta a ¿qué es la mujer? una definición sino un campo de acción investigativa.

Es así, por tanto, que intento no ser esencialista, puesto que incursionar en este tipo de discurso llevaría, precisamente, a abordar los textos escritos por mujeres como si fueran una expresión inversa de los escritos por los hombres, postura sin lugar a dudas reduccionista,

1. Luce Irigaray, *Speculum*, Madrid, Saltés, 1978, p. 33.

improductiva y además bastante molesta (cuestión de la que soy sumamente consciente).

Que quede claro entonces que si por momentos recurriré a las estratificaciones de las teorías del logos como espacio de lo patriarcal, no será para esencializar espacios de actuación sino para intentar observar, posteriormente, el desfondamiento de esta lógica.

Rosa María Rodríguez Magda coincide en este punto con Irigaray. En su estudio "El feminismo francés de la diferencia" explica que esa separación y alteración con el modelo ontoteológico (logocéntrico) se lleva a cabo prácticamente por medio del ejercicio de la escritura, "una escritura que no privilegia la mirada sino lo táctil, que busca lo fluido, la simultaneidad, escapar a cualquier conclusividad unitaria basada en la forma, la figura, la idea, el concepto, la exposición o la tesis".[2]

Si bien no pretendo adherir a esta tipología de escritura como patrimonio de las prácticas escriturales de las mujeres, sí me quedo con la propuesta del *campus*, es decir, con el espacio escritural como lugar desde donde sondear profundidades o evidenciar superficies.

Entonces, no a la formulación de la pregunta improcedente y sí a una investigación que encuentre su campo investigativo en el discurso literario y en las huellas de la escritura y sí también a la reformulación de la pregunta inicial que advendrá atendiendo a otro perfil: ¿cómo escriben algunas mujeres?, o ¿cómo se construye, desde la escritura de mujeres, el imaginario femenino? o, también, ¿cómo el imaginario femenino se manifiesta en la escritura de las mujeres?

Ahora bien, este planteamiento inicial, formulado y reformulado una y mil veces desde el inicio de mis investigaciones, ha ido derivando en ramificaciones que luego ha sido necesario desandar para retomar el tronco nodal.

Atender a las problemáticas que devienen de la entronización del cuerpo como eje de análisis me ha permitido (o, mejor dicho, obligado) agrupar los textos literarios en dos grupos de atención:

1. Aquellos en donde se parte de una "conciencia genérica" y donde por consiguiente la literatura parece imbuida de intención

---

2. Rosa María Rodríguez Magda, "El feminismo francés de la diferencia", en Celia Amorós (coord.), *Historia de la teoría feminista*, Madrid, Instituto de Investigaciones Feministas de la Universidad Complutense de Madrid-Dirección General de la Mujer, 1994, p. 216.

reivindicatoria. En tal sentido se usa el cuento de hadas, mito femenino, como punto a partir del cual emprender una reivindicación orientada por la conciencia genérica.

2. Aquellos en los que no se parte de una conciencia genérica sino desde una "subjetividad" que nos lleva a quienes leemos a enfrentarnos con preguntas acerca de qué es una mujer, qué relación existe entre cuerpo y escritura y otras.

Ana María Fernández, en su libro *La mujer de la ilusión*, a lo largo de un análisis que busca, desde diversas dimensiones (histórica, médica, cultural, social, erótica), leer la inferiorización desde la diferencia de género, propone para lo femenino una forma de subjetividad construida, a lo largo de una historia falocéntrica y patriarcal, determinada desde el lugar de subordinación que le ha tocado protagonizar. Este análisis plantea, en diversos momentos de su desarrollo, un concepto diseminado acerca de qué es la mujer. Tal enfoque es el que permite no cerrar una definición, sino rodearla, rastrearla y abrirla a otros campos semánticos de significación.

De tal modo, desde esta perspectiva, se pueden acotar los siguientes puntos:

La mujer es:

1. Más real que las mujeres (aspecto que alude a la noción de género y no de singularidad).
2. Imposición de sentido, una ilusión-imagen (producto de una imaginario sociocultural).
3. Dicha por otros (exiliada de la palabra).
4. Marcada por la opresión. Lleva inscriptas en el cuerpo y en la subjetividad las marcas de la opresión (cicatrices subjetivas de la subordinación).[3]

Sin lugar a dudas estos cuatro items de valor casi axiomático no están definiendo, no están diciendo lo que la mujer es ("la casada respecto de su marido") pero tampoco lo que no es ("Muerto: que está sin vida") sino que están postulando un modelo de actuación, un campo de posibilidades teóricas de abordaje.

Género, singularidad, imaginario sociocultural, voz/silencio,

---

3.   Cfr. Ana María Fernández, *La mujer de la ilusión*, Buenos Aires, Paidós, 1993.

opresión, subjetividad, serán de aquí en más pilares dentro de mi campo investigativo y de los análisis que llevaré a cabo.

Retomando lo expuesto por Fernández, en este punto es oportuno citar a Celia Amorós para agregar dos elementos más a la lista. Amorós propone una división entre el espacio de lo público y el espacio de lo privado; el primero se instituye desde el principio de individuación y se relaciona, desde ya, con el ámbito masculino, mientras que el segundo se propone como espacio de la indiscernibilidad determinante del ámbito de las "idénticas". Según esta autora "la mujer, en tanto grupo genérico que no alcanza la individuación, constituye el conjunto de las «idénticas»".[4]

Este concepto entra en íntima relación con aquel de Fernández que postula que "la Mujer es más real que las mujeres; hasta tal punto que impide registrar la singularidad de cada una de las mujeres. Sus voces no pueden ser escuchadas, silenciadas como están por ese coro anónimo que habla, grita y susurra por todos lados lo que la mujer es".[5]

En todo caso, según Fernández, la individuación se alcanza en las diferentes formas de ser otra, pero todas tenemos en común las cicatrices de la discriminación, aunque no todas tengamos las mismas marcas.

Siguiendo con la lectura de Fernández, que me parece muy esclarecedora y apropiada para abrir el campo de la investigación literaria, ella plantea que, en tal sentido, es interesante ver qué sucede cuando una mujer accede a un lugar de poder y su palabra, entonces, adquiere razón.

Coincido con esta autora al postular el discurso literario en general y el femenino en particular como:

1. Un espacio de poder.
2. Una práctica social transformadora.
3. Una producción de significación que permite la posibilidad de pensar la dimensión política de la subjetividad.
4. Una producción e imposición de sentido que operan por eficacia simbólica en la subjetividad de los actores sociales.

4. C. Amorós, *Hacia una crítica de la razón patriarcal*, Barcelona, Anthropos, 1985.

5. A.M. Fernández, ob. cit., p. 22.

5. Una práctica desarticuladora del sistema opresivo.
6. Una nominalización del malestar.[6]

En determinado punto de su análisis Ana María Fernández se pregunta: "Con respecto a las mujeres, ¿quienes pondrán nombre a nuestro malestar?".

Y aunque tal vez la pregunta se plantee como retórica, me aventuro a responder: *las escritoras*.

Nos enfrentamos, entonces, a la escritura de mujeres como a una práctica subversiva. Subversiva en varias direcciones, sea porque subvierte el derecho históricamente patriarcal de la palabra escrita, sea porque se ejerce como una práctica desarticuladora del sistema opresivo, sea porque posibilite una imposición nueva de sentido o porque permita pensar y replantear la subjetividad femenina.

Las escritoras, desde el ejercicio de poder que la palabra impresa presta, le pondrán nombre al malestar, lo dirán, metonímica, metafórica o literalmente; buscarán la palabra o el silencio que pueda decirlo, que pueda nombrarlo, ejercerán el derecho a tener voz.

Ahora bien, surge, inevitablemente, otra pregunta de rigor: ¿cómo la escritura de mujeres se hace cargo de e inscribe ese imaginario social que ha determinado (se ha encargado de determinar) qué es la mujer?

Escritura de mujeres: nominalización del malestar

La mujer es dicha por otros. ¿A qué remite esta idea?

A lo largo de la historia, como es sabido, la mujer ha estado exiliada de la palabra. Otros "nos han dicho", ejerciendo una apropiación de sentido dentro de una práctica de violentamiento simbólico.

Habituados siempre a "la mujer es", nunca a "las mujeres somos". Nunca, o casi nunca. Hasta ahora.

Dice Ana María Fernández:

---

6. Este punteo no aparece señalado en este orden ni de esta manera en su análisis, sino que es una síntesis de los aspectos diseminados en *La mujer de la ilusión*, que he creído oportuno recoger y enunciar.

El malestar de las mujeres se ha vuelto tan evidente en el marco de tales transformaciones que, en la actualidad, la cuestión va más allá del mero reconocimiento de su existencia, las formas de su enunciación han cobrado verdadera importancia estratégica [...] al decir de [Pierre] Bourdieu "los actos de nominación tienen el poder de hacer los grupos, constituyendo su sentido común y sus consensos".[7]

Al menos en nuestro país el tema de la escritura de mujeres ha entrado en los campos de discusiones académicas no hace más de diez años. La "escritura femenina" (término con el que se enuncia generalmente este tema) se ha consolidado como apartado de debate e investigaciones a partir de que la práctica de las escritoras permitió evidenciar la presencia de un grupo que, como bien señala Bourdieu, mediante un acto de nominación (del malestar) señala su sentido común, remite a una práctica consensuada. (Y ese grupo ha podido manifestarse abiertamente, como tantos otros, luego del proceso de la dictadura militar.)

Las producciones de significación implican una subversión respecto de los modelos impuestos y posibilitan nuevos ordenadores de sentido, sea para el espacio de lo colectivo como para el de lo individual. Es posible de este modo una nueva práctica subjetiva y, por ende, la posibilidad de pensar la dimensión política de la subjetividad.

La escritura de mujeres, entonces, puede verse o puede intentar determinarse dentro de los órdenes del debate entre un compromiso genérico y un compromiso personal. Este debate no se establece en el marco del encuentro "versus", sino que ambas posturas han emergido, como consecuencia de lecturas atentas, en forma independiente una de la otra.

Ahora bien, ¿qué es lo que entiendo por género? Una definición satisfactoria para este encuadre es la que postula Mabel Burín, quien entiende que "género es una red de creencias, rasgos de personalidad, actitudes, sentimientos, valores, conductas y actitudes que diferencian a mujeres y varones. Tal diferenciación es producto de un largo proceso histórico de construcción social, que no sólo genera diferencias entre los géneros masculino y femenino, sino que, a la vez, esas diferencias implican desigualdades y jerarquías entre ambos".[8]

7.   A.M. Fernández, ob. cit., p. 122.

8.   Mabel Burín, "Género y psicoanálisis: subjetividades femeninas vulneradas", en *Actualidad Psicológica*, XIX, 20, Buenos Aires, junio de 1994, p. 2.

De esta forma los constructos socioculturales, surgidos a partir de la posesión de un cuerpo o de ser un cuerpo, determinan las pertenencias del género, acotan límites y delinean espacios de actuación, atribuyen ciertas idoneidades y privan de otras, trazan una línea de destino histórico e inquebrantable que, precisamente, dice llevarse escrito en el cuerpo.

Pararse frente a un axioma del carácter "biología es destino" (léase cuerpo, género) y plantearse su carácter de verdad o falsedad sin lugar a dudas puede aparecer como un trabajo, además de arduo, constipado.

Sin entrar en disquisiciones de tipo contextual con respecto a la enunciación freudiana, cuando se formula este enunciado ya no se trata del destino de los hados, que por su carácter divino tenía la naturaleza de inquebrantable, fatal y prodigioso. Este destino no pertenece al ámbito de lo profético de los dioses sino al de lo humano, "demasiado humano"; lo que lo iguala con aquel destino mitológico es su carácter caprichoso, de ejercicio de un poder soberano.

Es cierto: no puede negarse que anatomía es destino, como lo puede ser geografía, raza, religión. Pero ¿destino trazado por quién y para quién?

Desde la teoría del género se enfatizan los rasgos con los que nuestra cultura patriarcal deja sus marcas en la construcción de la subjetividad, masculina o femenina.

La subjetividad queda marcada, y se hace imposible pensar la subjetividad "fuera" de un cuerpo. Por lo tanto, los cuerpos quedan marcados; estas marcas de la subjetividad se hacen manifiestas a través de la escritura, una escritura que "pone el cuerpo" en lo que dice y también en lo que no dice.

Doble tarea la de la escritura de mujeres que para contar debe primero descontar, descontar historias de miedo, de culpabilidad, de castigo, de censura, de marginación; descontar historias patriarcales hasta evidenciar la "marca".

En esto radica la memoria femenina (la memoria dentro de un cuerpo de mujer): en salvar el tiempo. La mujer que escribe promueve, desde su palabra, una reivindicación que, desde el presente, recupera la memoria primera, la más primitiva, la memoria de la desmemoria, la memoria del silencio, y, una vez que cree haber llegado al comienzo, al primer punto, retoma desde allí el discurso, un discurso que integra, desde su voz, el entramado de todas las voces por tanto tiempo silenciadas.

Así el cuerpo encuentra su memoria, no ya personal ni individual sino genérica. Se trata de una criatura enorme, durante tantos años creada a imagen del varón: la mujer.

Retomemos aquí la expresión de Bourdieu cuando dice que los actos de nominación tienen el poder de "hacer los grupos". Desde este punto de vista la nominalización del malestar nominaliza un malestar genérico, no meramente individual (pues en este aspecto es interesante señalar que esa figura mujer que accede a la palabra-poder-razón no es siempre una figura sumida en la más profunda discriminación personal; de algún modo, ha logrado acceder a ese espacio de "publicación" de su palabra).

Dirá Ana María Fernández que "por otra parte, poner nombre, nominar el malestar, no es exclusivamente un acto semántico o un hecho de discurso, la capacidad de dar existencia explícita, de publicar, de hacer público, de decir objetivando, de visibilizar, de enunciar, de teorizar aquello que —al no haber accedido a la experiencia objetivada y colectiva— continuaba en estado de experiencia individual, privada, como malestar, expectativa, ansiedad, inquietud, frustración, representa un formidable poder social".[9]

Creo que, por lo expuesto hasta aquí, podemos formular la pregunta de cómo la escritura (y su correspondiente nominalización del malestar) ejerce, desde el poder social que se le adjudica, la subversión del modelo de lo mismo y se hace cargo de inscribir lo otro.

Pero antes de intentar responder esta polémica mediante el análisis textual quedan otras dos cuestiones por plantear.

9.   A.M. Fernández, ob. cit., p. 122.

Logocentrismo, somacentrismo (lo uno y lo otro)

Adán y raza, azar y nada.
JULIO CORTÁZAR

Lozano, el personaje de Cortázar de "Satarsa", prefiere los palíndromos con fuerza, esos que muestran algo nuevo y no aquellos que presentan lo mismo del derecho y del revés.

> Lozano ha sido siempre un maniático de esos juegos que no parece ver como tal puesto que todo se le da a la manera de un espejo que miente y al mismo tiempo dice la verdad.[10]

Sin dudas podemos leer el palíndromo "Adán y raza, azar y nada" precisamente como el juego especular que aparece ante la mirada de lo uno, donde lo otro emerge como una inversión de sentido, casi como una negación.

El anagrama del espejo permite realizar el doble juego paradigmático entre lo uno y lo otro, el hombre-Adán y la nada-vacuidad-agujero, la raza-historia-causalidad y el azar-casualidad. Por último —dado que los palíndromos mienten y dicen la verdad al mismo tiempo— los valores de verdad y mentira también formarían parte de este juego.

El pensamiento occidental, sabemos, es la síntesis de un constante combate entre la razón, identificadora y ordenadora, y lo otro (hombre y mujer, a la hora de las esencializaciones).

El feminismo francés de la diferencia, preocupado por la no presencia de la mujer como sujeto normalizado de discurso, realizó una lectura propia de la instauración cultural del logocentrismo y de la preponderancia del falo como significante, denunciando de este modo la tradición androcéntrica e identificando como característico de lo femenino el lugar de la diferencia.

Esta tradición falologocéntrica de lo uno despoja a lo otro de genealogía (como bien demuestra el palíndromo). Entonces surge que, frente a la genealogía del logos, aparece una genealogía censurada.

Como también recuerda Ana María Fernández, "es sugerente,

---

10. Julio Cortázar, "Satarsa", en *Deshoras*, Buenos Aires, Nueva Imagen, 1984, p. 53.

en este sentido, el manto de olvido que ha caído sobre Lilit, primera mujer de Adán, creada por Dios al mismo tiempo que Adán, y ambos formados de la Madre Tierra. Es interesante ver cómo —según el mito bíblico— en función de su igualdad de origen Lilit se negó a reconocer el dominio de Adán, resistiéndose asimismo a servirlo. Pero esta rebeldía le costó la expulsión del Paraíso, y Dios la transformó en una diablesa nocturna, visitante de los hombres que duermen solos, causante de sus poluciones nocturnas".[11]

Me parece interesante reflexionar, en este punto, sobre el valor cultural de la palabra "logos", a los efectos de poder ilustrar mejor el alcance que el concepto de lo logocéntrico tiene en nuestra cultura. Me remitiré para ello a uno de los episodios más importantes del espíritu del romanticismo y uno de los jalones más paradigmáticos dentro de la cultura occidental de la lucha entre lo uno y lo otro: me refiero a la primera parte del *Fausto* de J.W. Goethe, cuando el Doctor Fausto, laboriosa y dificultosamente, intenta traducir el comienzo del Evangelio según San Juan.

> En el comienzo era el logos.
> Escrito está: "En el comienzo era el Pensamiento".
> Medita bien la primera línea, que tu pluma no se precipite. ¿Es el pensamiento lo que todo lo obra y crea?... Debiera estar así: "En el principio era la fuerza"... Pero también esta vez, en tanto que esto consigo por escrito, algo me advierte que no me atenga a ello. El espíritu alude en mi auxilio. De improviso veo la solución y escribo confiado: "En el principio era la Acción".

Bien sabemos que, concluida la traducción, Mefistófeles irrumpe en la escena.

Creo oportuno, en primer lugar, repensar la inscripción de la palabra "logos" en el comienzo de los comienzos del Libro de los libros, instaurando el inicio de una genealogía que se proyectará como la genealogía de lo uno.

"Logos" es palabra, pensamiento, fuerza y acción, atributos de la divinidad, de lo uno, verdadera fuerza engendradora, y, si seguimos aún más, matriz que concibió al hombre macho.

La tradición occidental y cristiana nos manifiesta que el Dios-

---

11.   A.M. Fernández, ob. cit., p. 77.

logos creó primero al hombre y luego a la mujer "para que el hombre no esté solo". He aquí un detalle más que revelador: el hombre surge de la nada, más aún, del poder del logos; aun cuando esté materializado en la imagen del barro, es hijo del logos, mientras que la mujer es generada desde una costilla del hombre. Ella no está circunscripta al orden del logos, sino al de la subordinación original. Ella es cuerpo, en tanto hija del cuerpo. Ella es lo otro, es generada del cuerpo del hombre y no del logos divino (desde un intento de lectura lacaniana el logos correspondería al orden de lo simbólico y el soma al orden de lo imaginario, lo cual posibilitaría establecer interesantes relaciones entre los órdenes verbales y preverbales, atribuibles a lo uno y lo otro respectivamente).

Simone de Beauvoir decía que un grupo consolida su identidad precisamente porque demarca sus límites frente a lo que no es él. "La mujer se determina y diferencia con relación al hombre, y no éste con relación a ella; ésta es lo inesencial frente a lo esencial. Es el Sujeto, él es lo Absoluto: ella es lo Otro".[12]

Entonces, si la tradición androcéntrica se encarga de pronunciarse dentro de una genealogía del logos (lo uno), propongo para lo otro, para el lugar de la diferencia, lo afálico, alógico y el silencio, una genealogía del soma.

Desde ya, tal genealogía no surge como un paradigma opuesto al del logos, como un espejo que invierte lo uno, sino que surge y se inscribe, creo percibir, dentro de los márgenes de una deconstrucción del logocentrismo.

Dice Rodríguez Magda, interpretando a Irigaray: "La mujer, atrapada en esta lógica especular, sólo puede incluirse en la dinámica de lo Mismo, representarse como hombre castrado e inferior, o *explorar su silencio*" (el subrayado es mío).[13]

Aquí radica, me parece, en la exploración de este silencio, la posibilidad de un abordaje teórico-analítico; se trata de escapar a las trampas que propone la inscripción dentro de la dinámica de lo mismo, de escapar a representaciones (autorrepresentaciones, diría yo) inferiorizantes que no harían más que manifestar la aceptación casi sumisa de patrones culturales de significación. Se trata entonces de alejarse

---

12. Simone de Beauvoir, *El segundo sexo*, Buenos Aires, Siglo XX, 1972, p. 12.

13. R.M. Rodríguez Magda, ob. cit., p. 213.

del mimetismo del silencio para ahondar y recrear un imaginario femenino; se trata de explorar el silencio, de leer lo escrito en tinta blanca, de "buscar una voz", como dirá Reina Roffé.

Ahora, desde la perspectiva de la otredad lacaniana, es interesante observar cómo se constituye lo otro en función de una escritura de mujeres. En Jacques Lacan, el concepto de lo otro se asimila al de lo imaginario, período preedípico de fusión con la madre, que debe ser superado por el paso al orden simbólico, con la gestación del sujeto, el lenguaje y la representación.

Casi respondiendo a esto, Hélène Cixous opina que la mujer, al escribir, retorna al reino de lo imaginario en el mito materno de lo corporal, lo poético y lo indiferenciado.[14]

Planteado así, es posible hacer emerger la siguiente pregunta: ¿la escritura de mujeres (afálica, alógica, somacéntrica), una escritura asimilable a lo imaginario y preedípico, en tanto representación o expresión de la otredad, logra acceder al orden simbólico, gestar un sujeto, un lenguaje y una representación?

Se observará más adelante, a través de los textos analizados, que éste es precisamente, en algunos casos, el planteamiento de la escritura: la búsqueda constante de una voz, la recurrencia a sujetos fragmentados, en travesía, incapacitados, en más de un caso, de poder contar una historia; incapaces de representar pero deseosos de librar esta batalla; sujetos, en otros casos, no ya fragmentados sino múltiples, encarnaciones genéricas.

Escritura de mujeres: un velo más para la himenología

Ahora planteémonos lo siguiente: de acuerdo con la lectura que venimos haciendo, cuando decimos lo uno, decimos logos, por lo tanto cultura; cuando decimos lo otro, decimos soma, consiguientemente, naturaleza.

¿Estamos, entonces, después de tanto análisis, cayendo en los soportes argumentativos de la episteme de lo mismo, vale decir: el naturalismo, el biologismo y el esencialismo?

14.   La idea está tomada de R.M. Rodríguez Magda, ob. cit., p. 13.

Creo que, llegado este momento, se trata de desarticular el sistema binario jerarquizante comenzando por una *desjerarquización*. Si la cultura patriarcal nos ha vedado el acceso a la genealogía del logos, rastreemos entonces los pasos de la genealogía infiltrada y promulguémosla como *diferente y positiva* y no como inferior.

Si cuerpo es destino, si biología es destino, no pensemos en destino como fatalidad jerarquizante: pensemos en destino como posibilidad de diferencias.

Si cuerpo es destino, pensemos en el cuerpo como *zona*, como *superficie*, como *topología de un imaginario*.

Anne Juranville analiza claramente cómo "para el varón, la encarnación engañosa del falo está centrada sobre el pene". Esta "partecita que puede separarse del cuerpo es la que se va a fetichizar convirtiéndose en símbolo de su incompletud. La muchacha no tiene equivalente. Al no ser desde entonces la amenaza de pérdida real de una parte de sí misma asimilable en nada a la angustia de castración masculina, es *toda* ella quien va a constituir el objeto perdido, apuesta del proceso de simbolización: su cuerpo propio como totalidad plena. Esta ausencia de focalización corporal es para la mujer, por cierto, una fuente de fragilidad".[15]

Por lo tanto, mientras el hombre se compromete por entero en la radicalización de una sola zona, la mujer radicalizará su yo en todo su cuerpo, es decir, el yo femenino abarcará la totalidad de la superficie de su piel. La máscara femenina no cubre sólo el rostro sino todo el cuerpo. El yo, la máscara femenina, es epidermis, elemento que me permite ingresar en el concepto de velo que tan lúcidamente propone Juranville, quien en *La mujer y la melancolía* realiza una lectura del eterno femenino sustentada bajo el estigma de la melancolía como patrimonio que le es propio. En el capítulo "Que la Mujer existe: la Mujer-Objeto y el estatuto estético de las apariencias" elabora una teoría de la escritura del cuerpo y dedica parte de su atención a los conceptos que implica la himenología derrideana.

La *himenología* sería aquella disciplina de los tratados que describen todas las membranas, gasas, velos, tejidos, moarés, que propone la lengua francesa.

Cuando Jacques Derrida se detiene en los juegos implicados en

15. Anne Juranville, *La mujer y la melancolía*, Buenos Aires, Nueva Visión, 1994, p. 175.

el concepto *himen* señala la homología de este término con la palabra *entre*. *Entre* carece de contenido semántico, pero este vacío significa. Ni puramente sintáctico, ni puramente semántico, señala una articulación, "operación que «a la vez» introduce la confusión *entre* los contrarios y tiene lugar *entre* los contrarios. Lo que aquí cuenta es el *entre*, el entredós del himen".[16]

Para Derrida, *himen* señala la fusión, la consumación del matrimonio, la identificación de los dos.

> Gracias a la confusión y a la continuidad del himen, se inscribe una diferencia sin polos decibles [...] Pero también himen es pantalla protectora, cofre de virginidad, pared vaginal, velo muy fino e invisible.[17]

El himen es una "mina de nada" que requiere, según Derrida, una espeleología muy distinta que ya no busque detrás de la apariencia iluminada.

Himen, no-lugar, entre-dos, *entre* el deseo y el cumplimiento, la distancia y la no distancia, el interior y el exterior.

Himen: indecible.

> Lo que vale para "himen" vale para todos los signos que [...] tienen un valor doble, contradictorio, indecible, que se basa siempre en su síntesis, sea "interior" y articule y combine dos significaciones incompatibles, o sea "exterior" y dependa del código en que se hace trabajar a la palabra.[18]

El himen "tiene lugar" en el *entre*, en el espaciamiento entre el deseo y el cumplimiento. Pero ese medio del *entre* no tiene nada que ver con un centro, sino que envuelve a los dos términos a la vez.

El himen es *zona*, y las zonas, según Deleuze, constituyen datos de superficie cuya organización implica la constitución de una tercera dimensión que ya no es la de la profundidad ni la de la altura. El objeto de una zona es proyectado "pero proyección ya no significa un meca-

---

16. Jacques Derrida, *La doble sesión*, Madrid, Fundamentos, 1975, p. 321.

17. Ídem, p. 317.

18. Ídem, p. 333.

nismo de las profundidades e indica ahora una operación de superficie, sobre una superficie".[19]

Himen es, entonces, superficie, velo, escritura, que delata el espacio/pasaje de un *entre*.

¿No podríamos pensar, en este punto, que el *entre* interior y el exterior de los que habla Derrida, aludiendo a la "combinación de significaciones incompatibles" y "el código en que se hace trabajar a la palabra", puedan extenderse, en este caso, a un imaginario femenino (interior) y a un código patriarcal o patriarcalizado (exterior), en cuya articulación la escritura femenina quiere tener su espacio?

El himen no tiene lugar más que cuando no tiene lugar, dice Derrida. ¿No podemos agregar a esto que la escritura femenina no tiene lugar más que cuando no tiene lugar?

Me pregunto: ¿la recurrente metáfora de la escritura femenina como bordado o tejido no podría encontrar una relación metonímica entre hoja en blanco y tela-tejido-himen?

Entonces, la escritura no sería ya una actividad de exteriorización de la marca sino una nueva inscripción desde y sobre el cuerpo. La escritura como proyección de una superficie sobre una superficie.

Bordado o tejido, la escritura femenina constituiría un nuevo elemento para sumar a la himenología.

> La finalidad primera del velo no es ocultar o proteger, como lo cree la concepción común, espontáneamente metafísica, sino *designar un lugar* imposible más bien que prohibido, que interrumpe la representación porque ésta encuentra allí su punto de origen [...] Aquel evita que se vea el horror de la castración materna a la que de todos modos significa.[20]

Así, la escritura de mujeres insistiría en *designar un lugar* y, en tanto *topológica*, juega con los bordes, transgrede el orden impuesto, desbarata los límites para intentar redefinirlos.

Si la escritura es tejido, bajo la misma raíz etimológica que *texto* y *textum*, y es bordado (bordear/bordar: borde, orilla, extremo), la escritura femenina es la elaboración de un velo, veladura que, lejos de cubrir, sugiere el lugar de lo otro, "zona erógena de pasaje entre el

19. Gilles Deleuze, *Lógica del sentido*, Barcelona, Paidós, 1989, p. 201.

20. A. Juranville, ob. cit., p. 171. El subrayado me pertenece.

interior y el exterior, los que no se caracterizan por ser plenitud o vacío absolutos, sino por organizarse a partir de la vacuidad del objeto en torno al cual se produce el movimiento de circuito de la pulsión".[21]

Escritura que no muestra, que no tapa, que sugiere, que bordea-bordando. En este acto de escribir-tejer-bord/e/ar el velo en torno de la desnudez, el cuerpo se constituye en soporte; es la hoja en blanco pero es también la letra.

Como tan bellamente dice Juranville: "Recorte de la letra que engendra un «litoral», el cuerpo femenino se hace también a sí mismo literatura".[22]

La escritura femenina —letra sobre la superficie de una página que es la imagen del propio cuerpo— aparece así como inscripción tegumentaria, modo de inscripción que, de acuerdo con Juranville, es propio de la mujer quien, según dicen los hechos, se resiste a la descorporización. Las mujeres presentan más signos corporales que los hombres y no se ven en ellas huellas de una desaparición o de una caída en desuso, como en el caso del maquillaje o el vestido, a los cuales el hombre es llevado a renunciar a lo largo de la historia.

Juranville atribuye características particulares a los "modales femeninos", a los que reúne bajo el nombre de "gracia".

> La gracia es un juego de ejes que expresa la relación rítmica de las partes entre sí, el juego melódico de las líneas sobre el fondo de una desviación de las líneas constructivas.[23]

Así, para Juranville, este juego del lenguaje posee una gramática y una sintaxis propias y surge como producto de una articulación significante de elementos gestuales que se inscriben en la instantaneidad del cuerpo que se despliega en el espacio. "Ya no estamos en el orden de una superficie corporal escrita, es el cuerpo mismo el que se hace letra."[24]

Diría Margarite Duras: "Uno se encarniza, no se puede escribir sin la fuerza del cuerpo".

21. Ídem, p. 171.

22. Ídem, p. 201.

23. Ídem, p. 196.

24. Ibídem.

Recapitulación

A lo largo de estos cuatro apartados temáticos han surgido premisas, que creo oportuno reunir en este punto:

1. La escritura de las mujeres nominaliza un malestar.
2. Las producciones de significación implican una subversión respecto de los modelos impuestos y posibilitan nuevos ordenadores de sentido.
3. La escritura de las mujeres se debate entre un compromiso genérico y un compromiso personal.
4. La mujer que escribe promueve, desde su palabra, una reivindicación, recupera la memoria del silencio.
5. La nominalización del malestar manifiesta un malestar genérico.
6. A la mujer corresponde una genealogía censurada, frente a la tradición falologocéntrica de lo uno.
7. Propongo para lo otro, para el lugar de la diferencia, lo afálico, alógico y el silencio, una genealogía del soma.
8. La escritura deconstruye al sujeto. La mujer, al escribir, retoma el reino de lo imaginario, en el mito materno de lo corporal, lo poético y lo indiferenciado.
9. La mujer sólo puede incluirse en la dinámica de lo mismo, representarse como hombre castrado e inferior, o explorar su silencio (Irigaray).
10. La escritura femenina lo es del cuerpo.
11. La escritura femenina no es exteriorización de la marca sino que sería una nueva inscripción desde y sobre el cuerpo.
12. La escritura femenina designa un lugar otro.
13. El cuerpo femenino se hace letra en la escritura.

En definitiva, ejerciendo el uso abusivo del poder de síntesis, el campo de problematización de este trabajo se organiza en vistas a dar cuenta de una escritura de la diferencia, que se sustenta en la idea del compromiso genérico, instancia relacionada con los conceptos *voz, silencio* y *subjetividad plural*.

Tal escritura de la diferencia encuentra su base hipotética en el planteamiento de una escritura del cuerpo, concepto relacionado también con la necesidad de buscar una genealogía representativa para lo otro frente a la genealogía falologocéntrica de lo uno.

Primer grupo: Reina Roffé y Silvia Molloy, de la escritura tegumentaria

Silvia Molloy, en su novela *En breve cárcel*, propone un discurso sustentado en las fabulaciones de la memoria como escritura del recuerdo.

Esta historia, casi imposible, se va tejiendo en la voz de un narrador en tercera persona que imposta una enunciación en primera cuando dice, literalmente, en dos o tres lugares del texto, "yo".

La voz (ella-yo), enmascaradora de una multiplicidad de voces femeninas, se presenta como ausencia, como fragmentación, como la necesidad de una enunciación ordenadora.

Voz y escritura, caras de una misma moneda, intentan generar un texto y fijarlo a la superficie de la piel.

La escritura tegumentaria, la construcción del texto/veladura se hace manifiesta, a lo largo de toda la novela, como la necesidad de fijar los límites del propio cuerpo.

> Relato que se deleitaba en sí mismo, piel que había logrado componerse. (p. 22)[25]

El texto, posible sólo a fuerza de memoria, suerte de poética en ruinas, se construye como un tejido que va eleborando un velo, que jamás logra cubrir la zona de la falta sino que la pone en evidencia.

El orden del relato sólo puede advenir gracias a la actividad tegumentaria, a la posibilidad de sumar velos y capas en torno de lo indecible:

> Una clave, un orden para este relato. Sólo atina a ver capas, estratos, como en los segmentos de la corteza terrestre... No: como las diversas capas de la piel que cubren músculos y huesos. (p. 23)

La escritura del cuerpo no es un entrelíneas sugerido en la novela de Molloy, sino un tópico enunciado a lo largo de todo el discurso.

---

25.   Silvia Molloy, *En breve cárcel*, Barcelona, Seix Barral, 1981. Todas las citas pertenecen a esta edición.

"Recorte de la letra que engendra un «litoral», el cuerpo femenino se hace a sí mismo literatura", dice Juranville.

El cuerpo, hoja en blanco y también letra impresa, entregado a los avatares de la escritura femenina que intenta, topológicamente, designar un lugar, una zona de superficie:

> Pero hoy escribe, y querría escribirse y leerse en un cuerpo: está ahora sola con el suyo, también con la imagen de la que escribe, de la que lee. (p. 107)

Esta escritura —como llamamos, somacéntrica—, una escritura otra, presenta la problemática del acceso al orden simbólico, de gestar un sujeto, un lenguaje y una representación, pero es precisamente esta búsqueda el sino de su existencia.

Contar la historia es doloroso, inscribirse en esa historia es doloroso, representar también lo es, es casi imposible:

> Desvía una narración, se dice que la dilata para contarla mejor; por fin la posterga porque no puede contar. Quisiera que estos trozos de relato fueran como los cuentos de Vera, mejores que los cuentos de Vera: imperturbables. Pero teme anotarlos porque sabe muy bien que le duele mucho contar esta historia. (p. 25)

Esta escritura fragmentaria, imagen de lo fragmentario, "se mira en lo que escribe, en lo que acaba de escribir" (p. 29), busca en el cuerpo su propia imagen, su correlato. Así, voz y piel no son sino la misma cosa, como lo son cuerpo y escritura.

> No se ve sin voz (no se ve sin piel) y acaso el riesgo de esa imaginación sea su mayor amenaza. (p. 35)

Sin embargo, piel-cuerpo excede (no accede) el orden de la construcción de un sujeto, vale decir, no lo determina, no lo delimita, puesto que piel y voz aluden (se hacen cargo de) a una subjetividad plural, a un orden genérico.

> Algo, la voz ronca de su tía, la voz cascada de Renata, su propia voz cuando escribe, algo, *una piel de voces*, para entonar los fragmentos. (p. 35)

Fragmentos, sabemos, de la propia historia, propiedad circunscripta a un orden marginado, de pertenencia plural, al orden de una genealogía censurada, que se hace preciso rescatar.

En una entrevista Molloy ha dicho con respecto a esta novela: "Mi memoria se abre a esa memoria de otros, la incorpora... Un personaje oye rememorar a otro y poco a poco se da cuenta de que en el relato hay fisuras, anacronismos, contradicciones... Sólo poco a poco cae en la cuenta de que el personaje que recuerda inconscientemente también está contando restos de pasados ajenos, recuerdos que ha oído contar a su madre, a su abuela, a muchos otros".[26]

La escritura, de este modo, nominaliza el malestar, evidenciando, en primera instancia, una genealogía de lo uno, que es necesario deconstruir.

> La palabra escrita en el margen ni arma ni estimula el
> deseo, en cambio horada el pasado, descomponiéndolo. (p. 46)

La escritura en tanto nominalización es un acto subversivo, desjerarquizante, buscador de un nuevo orden.

Ya hemos hablado de la posibilidad de una lectura del cuerpo como zona, como superficie, como topología de un imaginario.

La fragilidad del cuerpo femenino (Juranville) constituye a este mismo cuerpo en totalidad plena. El yo femenino abarca la totalidad de esta superficie; en y desde esta superficie la protagonista escribe y se inscribe, buscando una zona que permita el acceso a un posible orden.

> Tachadas, zurcidas: las palabras y ella. Hoy ha caído,
> junto con su letra, pero hoy también (como en el mar) hace pie.
> Ve que las palabras se levantan una vez más, como se
> levanta ella, agradece la letra ondulante que la enlaza, reconoce las cicatrices de un cuerpo que acaricia. Vuelven a *romperse
> cuerpo y frase*, pero no en la misma cicatriz: se abren de manera
> distinta, le ofrecen una nueva fisura que esta tarde acepta, en
> lo que no ve una violencia mala, en la que sospecha un orden.
> (p. 67)

---

26. En Graciela Speranza, *Primera persona. Conversaciones con quince escritores argentinos*, Buenos Aires, Grupo Editorial, 1995, p. 144.

La letra ondulante que enlaza, que acaricia y envuelve, nueva imagen de la escritura tegumentaria, comienza a presentarse no ya como amenaza de caída; el lazo puede imposibilitar los movimientos libres pero también puede proteger del golpe. Aquí la palabra se abre como espacio de lucha, en esa violencia que no es mala, que permite el acceso a un orden, a una "armonía", como dice la narradora.

La letra, la escritura, debe cumplir con un mandato: el de hacer estallar la cárcel, el de permitir salir de la captura, de la circularidad tantas veces denunciada.

"El relato privado no existe" (p. 85), dice la narradora. Aquella escisión entre las jerarquías binarias de lo público y lo privado vuelve a hacerse presente como la necesidad de una instancia a superar, pero también como denuncia de una marca ya inscripta. La fragmentariedad del yo, la pluralidad de voces, niegan el acceso a una posible autobiografía:

> Autobiografías: qué placer seguir a un yo, atender a sus mínimos meandros, detenerse en el pequeño detalle que, una y otra vez lo constituye... Estas líneas no componen, y nunca quisieron componer, una autobiografía, componen (querrían componer) una serie de violencias salteadas, que le tocaron a ella... (p. 68)

La escritura de mujeres, planteada como una nueva inscripción desde y sobre el cuerpo, aparece en Molloy poniendo en evidencia esa escritura que no muestra, sino que sugiere el espacio del límite, detentando un cuerpo que se constituye en soporte, que es hoja pero que también es letra, irrumpiendo, paradójicamente, en contra de la doxa ya establecida.

Este tipo de escritura, como el himen derrideano, presenta ese doble valor contradictorio, indecible, sustentado en la síntesis del *entre*. La escritura de mujeres determina un zona que implica esa tercera dimensión, operación de superficie.

Como el velo, como el himen, esta escritura designa un lugar que, al mismo tiempo, es impensable fuera del marco de la memoria genérica.

> ¿Cómo acatar las prohibiciones del recuerdo cuando está entre sus manos y dentro de un cuerpo que le devuelve, como un

manuscrito demañanado, corregido y lleno de tachaduras, lo que en él ha inscrito? (p. 111)

***

La rompiente de Reina Roffé presenta semejanzas con la novela de Molloy respecto de la manifestación de un texto que no logra armarse y en cuya imposibilidad encuentra la única posibilidad de ser.

La evidencia del texto-tejido, veladura en torno de un cuerpo, vuelve a proponer una escritura tegumentaria.

Ya no piel, como en Molloy, pero sí tela en blanco, textura que es preciso construir para acceder a la *constitución* del propio sujeto.

> De a poco iba uniendo los cables sueltos, desmenuzando la materia de mi vida, constituyendo —*como en una tela en blanco*— un discurso claro. (p. 25)[27]

> De los borradores corregidos, de las propuestas formuladas, donde hay algo que haya modificado mínimamente la vida —se defiende—. Si los estados de repetición proliferan de una manera asombrosa; y las tramas, que más bien destejen con el afán de construir otra textura, apenas llegan a rozar un cuerpo... (p. 30)

Cuando hablé de una tradición androcéntrica, sustentada en la genealogía del logos, propuse para lo otro (lugar de la diferencia, afálico, alógico y silencioso) una genealogía del soma. Dentro de esta genealogía del soma, se ha dicho que en la literatura de mujeres voz y escritura se funden en uno, así como también se ha dicho que la mujer, atrapada en esta lógica especular, sólo puede incluirse en la dinámica de lo mismo o explorar su silencio (Irigaray).

Reina Roffé intenta construir un texto que para cristalizarse debe mantener una dura lucha con y contra el silencio, ancestral, ámbito de exploración. Allí el silencio emerge como motivo que acecha a la escritura, razón por la cual la necesidad de encontrar un lenguaje y una voz es determinante a la hora de poder acceder a un discurso propio.

---

27. Reina Roffé, *La rompiente*, Buenos Aires, Puntosur, 1987. Todas las citas pertenecen a esta edición.

Nuevamente los vaivenes etimológicos permiten seguir jugando con los conceptos *trama* y *tejido*, velo que, como dice Roffé, en tiempo de borradores, apenas logra cubrir el cuerpo, ni siquiera rozarlo, puesto que el lenguaje no logra armarse.

> Hartazgo dijo sentir cuando busca en los originales de su novela algo, ¿un lenguaje? que la recompense de los balbuceos macarrónicos. Eufemismos, asegura, hay en cada página. Abstracciones dispara, para que toda articulación fracase. Mentiras, afirma. Miedos innombrables, coquetea. Lastre de un deseo despedazado. Me traba, dice, como este idioma que no termina de armarse en mi boca. (p. 30)

La actividad escritural, como en Molloy, entra en un juego de constante autorreferencialidad, procedimiento que se presenta como necesario a la hora de intentar explicar el fracaso (aparente y acechante, al menos) de una escritura que testimonie la propia historia, la individual, la autobiográfica.

La negación histórica, la genealogía alógica, propone la búsqueda de un lenguaje propio, único camino de acceso a la posibilidad de la fijación de un sentido que no esté violentado por el silencio, "pues no hay nada más envilecido que la violencia del silencio" (p. 28)

Escritura y cuerpo conjugan, en la novela de Roffé, la incertidumbre y la posibilidad del acceso a un nuevo orden, sólo posible de advenir a partir de un discurso testimonial y reiterativo, capaz de reescribir constantemente en su afán de reorganizar los fragmentos, capaz de no darse por vencido ante la constante amenaza del silencio.

> Cuando espero que me destruya, usted se divierte y pide más. Yo, fácil, caigo en la trampa y sigo leyendo (contando y recontando la misma novela como si fuese un cirujano en plena *disección de un cuerpo...*) [...] La incertidumbre reina. (pp. 54 y 55)

La comparación, de carácter casi metonímico, vuelve a poner en relación voz (novela) y cuerpo. Cada "contar" la historia, que sería un nuevo "recontar", se dota del carácter incisivo y minucioso del cirujano que intenta examinar estructuras profundas en busca de un orden y una razón.

Estos pedazos dispersos, que ordenados lograrían componer un cuerpo, son, sin duda, los fragmentos de una novela que sólo puede advenir en una feroz lucha contra el silencio.

Reina Roffé ha manifestado que "la resistencia al «gran relato», a «contar la historia completa», más que una opción de escritura y una imputación a la narración realista fue el resultado de mostrar los cabos del yo mujer que va venciendo el silencio, que va encontrando la unidad a través de los lazos de la respiración cortada, de sus pedazos dispersos".[28]

Sin lugar a dudas, el imperativo desde donde Roffé escribe *La rompiente* es la búsqueda de una voz propia. Así esta novela, como la de Molloy, se presenta como *ars poetica*, como trabajo sobre los procesos de creación desde un lugar (no-lugar) que está amenazado, donde la amenaza recae tanto sobre el género como sobre el contexto social. Curiosamente (o no), *La rompiente* y *En breve cárcel* están enunciadas desde el lugar de la extranjería, de la otredad.

Reina Roffé afirma que "en el supuesto caso de que la mujer sea el otro, aquello «que es imposible decir», y en relación con el lenguaje, ese «no todo puede decirse», y si lo femenino resulta un devenir siempre en movimiento, un género en busca de su identidad y de la letra para designar esa identidad, creo que hoy en día toda mujer que escribe debe trabajar literariamente estas alternativas, ya sea para confirmarlas o rebatirlas, y dar un paso más en el deseo que sustenta de por sí la escritura: la integración de la palabra mirada desde otro lugar pero con estrategias distintas para contar ésta, la «otra» historia".[29]

Entonces, se podría responder que, en el supuesto caso de que la mujer sea lo otro, lo "imposible de decir" (lo alógico), encuentra en la genealogía del soma el espacio de la designación de una identidad, desde la cual se inscribe y escribe, pues el cuerpo femenino es ante todo ese "devenir y movimiento" que va imponiendo sus tiempos, sus ritmos, su letra.

Precisamente es el final de *La rompiente* el que convoca mediante una condensación casi metafórica (o decididamente metafórica) la presencia del cuerpo femenino con toda su carga de sexualidad, humores y fluidos como punto final de ¿la historia? Sí, la *otra* historia.

---

28.   Reina Roffé, "Itinerario de una escritura. ¿Desde dónde escribimos las mujeres?, en Sonia Mattalía y Milagros Aleza (eds.), *Mujeres: escrituras y lenguajes*, Universitat de Valencia, 1995, p. 14.

29.   Ídem, pp. 16-17.

La de la inscripción de un género otro, de un cuerpo otro, de una memoria otra, inmersa en un cuerpo que mes a mes sangra, se diluye, se rompe y vuelve a componerse. Ritmo constante de la pérdida, si lo hay. Y también del reinicio.

> Oye una sirena quebrar la noche. Su cuerpo se repliega, sin embargo es inútil evitar el escalofrío y una puntada en el bajo vientre que las manos no componen con sus friegas. Respira hondo y exhala lentamente esa pregunta que la persigue: ¿hallaré, a dónde vaya, el esplendor de una voz? El dolor se disipa como si ese esplendor incierto contuviera una sustancia benévola que pondrá otra vez su vida en juego. Ahora, sangra. (pp. 123-124)

Es interesante observar cómo los términos *voz* y *dolor corporal* (cuerpo) vuelven a emparentarse en este párrafo final y cómo mediante un juego de desplazamientos de sentido se arriba a la condensación final.

Primeramente se habla de un repliegue del cuerpo y de una puntada en el bajo vientre; ante este dolor la pregunta casi inevitable: ¿hallaré el esplendor de una voz? El término *esplendor*, que una línea antes era atributo de la voz, pasa a relacionarse con la *sustancia benévola*. Esplendor en la voz, esplendor de la sangre. Esplendor del cuerpo, esplendor de la escritura.

Herencias femeninas

"... la hemorragia se produce a través del encuentro con una mujer anciana, nunca con un hombre; y, de acuerdo con la Biblia, la menstruación se heredaba de mujer a mujer", dice Bruno Bettelheim, refiriéndose a "La bella durmiente del bosque", en su estudio *Psicoanálisis de los cuentos de hadas*.

Esta pertenencia de la hemorragia a la heredad femenina me parece oportuna para utilizarla como metáfora inicial del presente apartado, que se propone plantear el cuento de hadas también como un espacio de la heredad femenina, o, para ser más clara, de la transmisión mujer a mujer.

Bruno Bettelheim señala en su libro la utilización de un mismo vocablo en inglés, *curse*, para significar, al mismo tiempo, maldición y menstruación.

Si esta maldición es heredada de un encuentro cuerpo a cuerpo, el cuento de hadas, heredado de la misma forma, puede llegar a leerse como un lugar desde donde enfrentar tal maldición. (En todo caso, si la hemorragia/maldición es genérica, habría que plantear el cuento de hadas como acceso a la construcción de un sujeto individual.)

Queda, entonces, explicar de dónde surge esta hipótesis del cuento de hadas como espacio de lo femenino.

Comencemos esta propuesta intentando encontrar el "había una vez" de la historia. Pensemos, por ejemplo, que las mujeres, ante la necesidad de plantear otros modelos femeninos que se opusieran a esa imagen estereotipada e impuesta por el mundo patriarcal, aprovechan la vía de comunicación menos controlada, la de los cuentos infantiles, a través de los cuales narraban situaciones en donde ellas eran las protagonistas, tomaban decisiones propias y eran capaces de enfrentar al "mal" con el fin de obtener riqueza y poder.

En *El juego de las astucias* Dolores Juliano propone una lectura del cuento tradicional, como un espacio de comunicación y de reivindicación femeninas. Esto no significa que lisa y llanamente no existieran historias con héroes masculinos, pero sí que mientras en las historias y discursos oficiales las mujeres ocupaban espacios secundarios, en los cuentos maravillosos se da ese lugar desde donde compensar la discriminación sufrida en la vida cotidiana.

> En los cuentos no entran los temas que preocupan a los hombres, la infidelidad femenina, por ejemplo, pero se discuten largamente la autoridad del padre, la esclavitud del trabajo doméstico, la necesidad de solidarizarse con los hermanos en lugar de con el grupo de alianza, el triunfo de los débiles inteligentes sobre los fuertes tontos, etc. Incluso en el caso de las mujeres "malas", éstas no son las que abandonan sus "deberes" como propone la ética masculina, sino las que cumplen un rol específico: "las madrastras" —con lo que en el fondo lo que se cuestiona es el derecho del hombre a contraer nuevo matrimonio— pero aun así son autónomas y nunca se enfrentan con las "buenas" por celos por el amor de un hombre sino por ámbitos de poder.[30]

30. Dolores Juliano, *El juego de las astucias. Mujer y construcción de modelos sociales alternativos*, Madrid, Cuadernos Inacabados, 1992. p 37.

Podemos pensar, entonces, con esta autora, que mientras la producción intelectual masculina, configurada como historia y literatura oficial, minimizaba la presencia femenina, haciéndola desaparecer incluso de los ámbitos productivos y políticos en los que actuaba, la producción femenina ampliaba e idealizaba sus posibilidades.[31]

Juliano también señala que "los cuentos infantiles son el único tipo de relato de nuestra cultura en el que se encuentra la imagen de «hombre objeto», entendiendo por tal el que es válido principalmente por elementos (físicos o de status)".[32]

Bruno Bettelheim aborda el estudio de los cuentos de hadas y su influencia sobre la educación y el inconsciente de los niños poniendo de relieve su función liberadora y formativa para la mentalidad infantil. Analiza, con especial énfasis, una serie de cuentos cuyas protagonistas son mujeres (Blancanieves, Cenicienta, Caperucita, la Bella Durmiente, Ricitos de Oro) y dice:

> Sabemos [...] que estas historias citan experiencias exclusivamente femeninas e ilustran las etapas por las que tiene que pasar la mujer antes de alcanzar la plena feminidad.[33]

Si bien Bettelheim plantea expresamente el objetivo de su análisis, que consiste en:

> ... mostrar cómo dichos relatos representan, de forma imaginaria, la esencia del proceso del desarrollo humano normal, y cómo logran que éste sea lo suficientemente atractivo como para que el niño se comprometa con él. Este proceso de crecimiento empieza con la resistencia hacia los padres y el temor a la madurez, terminando cuando el joven se ha encontrado ya a sí mismo, ha logrado una independencia psicológica y madurez moral, y no ve ya al otro sexo como algo terrible o demoníaco, sino que se siente capaz de relacionarse positivamente con él.[34]

---

31.   Ídem, p. 13.

32.   Ídem, p. 53.

33.   Bruno Bettelheim, *Psicoanálisis de los cuentos de hadas*, México, Grijalbo, 1988, p. 329.

34.   Ídem, p. 21.

Propongo —dado que el mismo Bettelheim reconoce o afirma que ciertos cuentos citan experiencias exclusivamente femeninas— leer en clave algunos fragmentos de su análisis.

La clave o ecuación sería la siguiente:

$$\frac{padres}{hijos} = \frac{hombres}{mujeres}$$

Creo que la relación de igualdad entre ambos miembros no necesita mucha explicación.

Para señalar la relación padres = hombres creo que ningún vocablo más preciso que *patriarcalidad*, término que congrega a ambos. Seres ostentosos del discurso oficial y del espacio de poder-saber.

En tanto que hijos = mujeres, se encuentran relacionados desde el espacio de carencia en que les toca vivir. Ambos "son dichos" y regidos. En todo caso ambos son "en menos" (aunque, desde ya, por muy diversas razones).

En tal sentido, Ana María Fernández, en *La mujer de la ilusión*, señala que hasta el Renacimiento no existe, todavía, una medicina que cuente a las mujeres ni a los niños entre sus pacientes; la obstetricia se halla abandonada a las comadronas (que poseen un estatuto inferior al de los médicos).[35]

De este modo, aplicando la fórmula señalada, ¿cómo leeríamos fragmentos como los siguientes?:

1. "El argumento central de todas las versiones de la Bella Durmiente del bosque es que, por más que los *padres* intenten impedir el florecimiento sexual de su *hija*, éste se producirá de modo implacable. Además, los obstinados e imprudentes esfuerzos de los *padres* no conseguirán más que evitar que la madurez se alcance en el momento preciso."[36]

2. "La Cenicienta es un cuento que atrae tanto a los niños como a las niñas, ya que ambos sexos experimentan por igual la *rivalidad fraterna* y desean, del mismo modo, ser arrancados de su *humi-*

35. A.M. Fernández, ob. cit., p. 77.

36. B. Bettelheim, ob. cit., p. 323.

llante posición, para así *sobrepasar a aquellos que parecen superiores.*"[37]

3. "Cenicienta trata de los sufrimientos que la *rivalidad fraterna* origina, de la realización de deseos, del *triunfo del humilde*, del reconocimiento del mérito aun cuando se halle oculto bajo unos harapos, de la virtud recompensada y del castigo del malvado, es pues, una historia íntegra."[38]

Podría transcribir otras citas, pero creo que éstas son suficientes a modo de ilustración.

Reitero: si bien el objetivo claramente especificado de Bruno Bettelheim al analizar el cuento de hadas es mostrar cómo tales relatos representan la esencia del proceso del desarrollo humano normal y cómo logran que éste sea lo suficientemente atractivo como para que el niño se comprometa con él, podemos, mediante el reemplazo en clave propuesto, leer, sobre todo en aquellos cuentos de heroínas femeninas, un relato donde se propone una reivindicación y una posibilidad de superación y compensación a las condiciones sociales de la mujer.

Dice Juliano que en realidad lo que interesa es saber cómo se articula un relato con una sociedad concreta, más que determinar dónde se originó o si sus raíces son muy antiguas. Las madres junto a la cuna o las abuelas junto al fuego no repetían el cuento de la Cenicienttta porque proviniera de una venerable tradición clásica, sino porque hablaba de pesadas tareas domésticas de las que se podían liberar con ayuda de fuerzas mágicas, y estos problemas y estas esperanzas estaban presentes en la vida cotidiana,[39] pues —como diría Ana María Fernández— "si bien se considera pertinente el análisis de los discursos en su especificidad, éste no puede pensarse fuera de la demanda social en la que se constituyen".[40]

Sabemos que los cuentos tradicionales tal como llegan a nosotros, ya impresos, han sufrido un largo proceso, atravesando momentos de distorsión, de "filtración", en términos de adecuar a valores de hombre con "formación literaria", buena posición económica y habitantes de

---

37. Ídem, p. 335.

38. Ibídem.

39. Cfr. D. Juliano, ob. cit., p. 72.

40. A.M. Fernández, ob. cit., p. 49.

ciudades (como eran prácticamente todos los recopiladores); pero también sabemos que esos relatos han sido generados y transmitidos mayoritariamente por mujeres analfabetas, pobres y de áreas rurales. (Bien explica Bettelheim, en este aspecto, cómo Charles Perrault, el narrador académico de la corte francesa, se aparta muchas veces de las historias originales por no considerarlas dignas de sus nobles y cortesanos oyentes.)

Estas mujeres, inmersas en el ámbito doméstico, encargadas de la educación y el cuidado de los niños, "armaban" estas historias donde dejaban traslucir su visión del mundo y sus enseñanzas y donde configuraban su manera de interpretar la realidad. Sin duda, esta experiencia de referencialidad oral, además de sufrir los embates propios de cualquier oralidad, ha ido configurando una malla de voces que, heredadas como la hemorragia, representan un cuerpo a cuerpo generador de un discurso de orden dialéctico en donde se hace manifiesta la participación genérica y una experiencia histórica compartida; no olvidemos que, de acuerdo con Bourdieu, los actos de nominación tienen el poder de hacer los grupos, constituyendo su sentido común y sus consensos.

> En esta perspectiva, los cuentos tradicionales no sólo reflejaban una imagen más o menos idealizada o crítica de la sociedad que los generaba, sino que con frecuencia se centraban específicamente en la problemática de las mujeres del grupo... Así vemos que en los cuentos tradicionales los protagonistas son mayoritariamente mujeres, o en los casos en que el papel principal es cumplido por hombres, éstos presentan ciertas particularidades que permiten la identificación de la relatora con sus viscisitudes. Estas particularidades pueden ser laborales: los protagonistas de los cuentos son sastres, como en el caso del Sastrecillo Valiente, o pueden presentar características físicas semejantes a las que se les atribuyen, como ser pequeños o débiles, como en el caso de Pulgarcito. Así el cuento tradicional puede definirse como una forma preferente y codificada de transmisión simbólica de sus conflictos.[41]

Es interesante observar cómo este espíritu genérico y colectivo que aspira a la individuación que se manifiesta en el cuento de hadas, a

41.   D. Juliano, ob. cit., p. 72.

través de un discurso de orden liberador (o quizá sea mejor decir *evasivo*), encuentra un correlato en la figura elegida para su representación: las *hadas*.

Según Jesús Callejo:

> Las hadas pertenecen al género femenino [...] Tradicionalmente, al hombre se le ha considerado compuesto por varias naturalezas, las cuales, abreviando, podrían establecerse en cuerpo, mente, alma y espíritu, cada una de ellas con una densidad y vibración determinada y compleja. Cuando nos referimos a los seres elementales, el tema se simplifica mucho más, pues estos personajes extraordinarios carecen de varias de estas naturalezas, reduciéndose tan sólo a un cuerpo (más sutil que el humano, compuesto con las más puras partículas del elemento en el que habitan, lo que da lugar a que se puedan transformar y sean visibles) y a un *espíritu colectivo*, nunca individual, que forma parte de un "grupo-germen", o alma grupal, según a la familia que pertenezcan (hadas, duendes, gnomos, etc.). Al morir, simplemente se desintegran en ese elemento colectivo original.[42]

La utopía: hadas, mujeres sujeto del deseo y matriarcado primitivo

Rosa María Rodríguez Magda propone muy bella e inteligentemente la idea de que la mujer es un invención reciente, para lo cual realiza un rastreo histórico desde la Grecia antigua hasta el siglo XII, momento en que la mujer "se convierte simplemente en sujeto: concepto lleno y complejo que implica mucho más que el mero reconocimiento por su aspecto físico o como objeto de deseo; un momento en el que la mujer empieza a problematizarse como objeto de discurso, aun cuando ese discurso sea el discurso de otro".[43]

---

42. Jesús Callejo, *Hadas: guía de los seres mágicos de España*, Madrid, 1995, p. 36.

43. R.M. Rodríguez Magda, "Una genealogía de la mujer como objeto/sujeto del deseo", en *Feminismo fin de siglo. La seducción de la diferencia*, Madrid, Anthropos, 1994, p. 80.

Según esta autora, hay un momento a partir del cual la mujer es pensable, el siglo XII, cuando la poesía trovadoresca y el amor cortés proponen un nuevo discurso para la relación hombre-mujer.

¿Cómo es posible que en un panorama tal se junten las circunstancias para producir la ruptura epistemológica que dará lugar a la noción de mujer como sujeto y objeto de deseo? Es sin duda un curioso entrecruzamiento de serie, pero serán los esquemas de la retórica cortés quienes pervivan hasta nuestros días, y a través de los cuales el hombre piense su relación con la mujer y la mujer se reconozca a sí misma en relación al amor y al varón.[44]

Agrega Rodríguez Magda que intentar una genealogía de lo femenino es rastrear también en dos conceptos parejos: el sexo y el amor; es a través de ellos como el varón, detentador del discurso, viene a tropezar con un obstáculo, la mujer, que abrirá todo un campo de problematizaciones y trabajos de conceptualización.[45]

Ahora bien, por otro lado sabemos que intentar fijar el origen de los diferentes cuentos de hadas es una tarea demasiado compleja, pero también sabemos que el momento de configuración, antes de que Perrault o los hermanos Grimm, entre otros, los fijaran por escrito, es la Edad Media, momento histórico en el que surgen las brujas, los castillos, príncipes y caballeros.

¿No es sorprendente que, a pesar de manifestar diferencias muy profundas, la trovadoresca, con su teoría del amor cortés y la construcción de la mujer como sujeto-objeto del deseo, surja casi simultáneamente con el cuento de hadas, donde la mujer se configura como un sujeto-objeto de deseo y donde el amor le posibilita el acceso a un espacio de poder?

Por un lado, la nobleza: "Será en el seno de la más alta aristocracia, y aun en aquella que por defender el sistema feudal ostenta una postura más conservadora, donde nazca una visión de la mujer más liberadora y halagüeña para ella".[46]

Por otro lado, las clases bajas: será en el seno de las clases más

44.   Ídem, p. 92.

45.   Cfr. ídem, p. 82.

46.   Ídem, p. 93.

bajas, en las zonas rurales, allí donde las mujeres experimentan todo el rigor de la marginalidad, donde nazca una visión de la mujer, que, soñando con un mundo de hadas, pretende lograr su autodeterminación e incluso (como Cenicienta) su ascenso social.

He desarrollado anteriormente la teoría de que el cuento maravilloso pertenecía al ámbito de la tradición oral femenina, discurso que, fuera del control de los hombres, las mujeres relataban a sus hijos, transmitiendo así historias en las que ellas eran las protagonistas y decidían por sí mismas.

Sin dudas, allí las mujeres se instituían como sujetos-objetos del discurso, manifestando su deseo de llegar a espacios vedados (por eso tal vez sea tan recurrente el tema de la joven que llega a princesa, la pobre que llega a rica).

El amor cortés, sin la participación de ciertas mujeres que ostentaron un poder y un lugar de privilegio, tampoco hubiera sido posible.

> Acaso todo ello no hubiera llegado a producirse de la misma manera si en el cruce de las culturas Leonor, condesa de Poitu, duquesa de Aquitania, reina de Francia y de Inglaterra, aunando el tema bretón al tratamiento de los trovadores, no hubiera ejercido un patronazgo cultural, que, prolongado por Adela de Champagne, Ermergarda de Narbona y sobre todo por Marie de la Champagne, introdujeron la perspectiva femenina en la producción literaria del momento.[47]

Dice Rodríguez Magda: "Intentar una genealogía de lo femenino es rastrear también en dos conceptos parejos: el amor y el sexo".

La trovadoresca y el cuento de hadas, en tanto nacen de clases sociales diferentes y situaciones también diferentes, proponen conceptos para el amor y el sexo totalmente disímiles, pero donde la mujer ejerce el protagonismo.

Las *damas* reniegan de un sexo sin amor, debido a la "obligatoriedad conyugal" destinada a la procreación del linaje. Sus "amados" serán vasallos, hombres de inferioridad social, rendidos a su pies, que las amarán hasta la *pasión*.

Es así como la idea del amor nace unida a la de infidelidad.

---

47.   Ídem, p. 96.

Las *jóvenes-inocentes* de los cuentos de hadas representan el mundo virginal del amor puro. Sus "amados" serán príncipes, hombres-objeto de superioridad social que, prendados de su belleza, las amarán hasta el beso. (Allí la pasión parece quedar excluida, tratándose siempre de un despertar sexual.)

> El apacible encuentro del príncipe y la princesa, su mutuo despertar, es un símbolo de lo que comporta la madurez; no sólo la armonía dentro de uno mismo sino también con el otro. Depende por completo del oyente el interpretar la llegada del príncipe en el momento preciso como el acontecimiento que provoca el despertar sexual o el nacimiento de un yo superior.[48]

Otra diferencia, no menos importante, es que el amor cortés nace de referencializar una experiencia real, mientras que el cuento de hadas habla de una situación imaginaria, nacida de la idealización de un deseo. Por eso Rodríguez Magda afirma:

> Yo amo a las *hadas*, porque bailan enloquecidas en cualquier claro del bosque, porque moran bajo los lagos, y son a veces bellas o grotescas, inquietantes o poderosas. Es acaso la *única utopía femenina* que nos pertenece, como ese tercer deseo que nadie se atreve a consumir.[49]

Las hadas aparecen planteadas como *única utopía femenina* que nos pertenece.

Para Rodríguez Magda "aportar la influencia celta es intentar restituir una línea mágica y femenina, reinventar de otra manera aquella hipótesis de Engels y Morgan *del matriarcado primitivo*".[50]

En las leyendas celtas la mujer era considerada un ser divino y profético. Algo de ello hay en las hadas.

Pienso en las tres heroínas más famosas de los cuentos: Blancanieves, Cenicienta y la Bella Durmiente, y en la influencia que las hadas han tenido sobre sus destinos. Las tres habrían muerto sin conocer a su príncipe. El hada oficia al mismo tiempo como una especie

48. B. Bettelheim, ob. cit., p. 328.

49. R.M. Rodríguez Magda, *Feminismo fin de siglo*, p. 103.

50. Ídem, p. 103.

de Celestina que predispone las circunstancias para que los amantes se encuentren.

Sin las hadas ese amor hubiera sido imposible, ellas organizan la escena para que el príncipe "encuentre" a su princesa, casi como por casualidad, pero, en definitiva, sabemos que la joven lo estaba esperando desde hace tiempo, y aquel personaje que creíamos el sujeto se convierte así en objeto que "cae en la red" (una red de encanto, sueño, dulzura y belleza), en un trofeo en recompensa a lo sufrido.

Habíamos señalado ya, con Juliano, que el cuento de hadas es el único tipo de relato de nuestra cultura en el que se encuentra la imagen de "hombre objeto", entendiendo por tal el que es válido principalmente por elementos físicos o de status.

De él nunca se detallan las condiciones individuales, sólo la valentía. El príncipe es el príncipe, y eso es todo, nunca tiene nombre ni atributos.

Cenicienta, Blancanieves, la Bella Durmiente, poseen una individualización y una historia más concretas, desde la atribución de un nombre propio por demás connotativo.

Creo que muchas veces, de niñas, al escuchar estos cuentos pudo habérsenos ocurrido pensar: ¿y apenas lo vio y recibió el beso se enamoró?

Dentro de la dialéctica del sujeto-objeto esta pregunta tiene una respuesta fácil. Si el objeto es válido por atributos físicos o de status, el amor no se discute, ni siquiera se discute como amor, sino que es simplemente la conjunción de un deseo que se encuentra con su objeto.

Ya Juliano había señalado que el cuento infantil es ese espacio donde las heroínas "se enfrentaban con sus propios recursos a los malos para tratar de conseguir objetivos tales como poder o riqueza [...] y aun cuando las «malas» se enfrentan con las «buenas» no lo hacen por celos por el amor de un hombre sino por ámbitos de poder".[51]

Cuando Bettelheim analiza el cuento de la Cenicienta dice que este cuento trata únicamente de lo que representa *el ser degradado*.

Cenicienta, en este aspecto, sea quizá el cuento que propone el modelo más paradigmático, por la riqueza de elementos, por un lado, y el valor especular que propone a la "mujer común", por el otro.

En un mundo donde todos los privilegios eran privativos de los nobles y los hechos importantes transcurrían sólo en palacio, poder

---

51. D. Juliano, ob. cit., p. 37.

ascender de sirvienta a princesa era un sueño irrealizable (no olvido en este punto que, en las primeras versiones, Cenicienta —quien tenía otro nombre— era hija del rey).

Sin embargo, en la versión definitiva, Cenicienta, que no es hija de reyes como la Bella Dumiente o Blancanieves (a quienes los malos hados intentan quitar este privilegio con la sombra del sueño o de la muerte) logra llegar a princesa con la sola dote de su bondad y belleza.

La Bella Durmiente no conoce lo que es preparar un almuerzo o fregar una olla, hasta sus quince años vive rodeada de comodidad y distracciones. Blancanieves se dedica a las labores hogareñas, pero dentro de un ámbito de candor, alegría y cariño, con la compañía de los siete enanitos. Cenicienta no: es la mujer de la domesticidad; ella lava, cocina, limpia pisos, es maltratada y nunca tiene tiempo para sí.

La prueba por la que deben pasar Blancanieves y la Bella Durmiente es burlar la muerte, despertando de un largo sopor; Cenicienta no, ella da el paso que pocas mujeres logran dar dentro de los cuentos maravillosos: ascender dentro de la escala social. Comienza siendo "una" y termina siendo la "otra"; es el personaje del "antes" y el "después", que abre una puerta de posibilidades, aunque sean imaginarias, a las mujeres domésticas.

Cenicienta es la expresión catártica, transformada en mito, de los deseos de la mujer oprimida y carenciada (abandonada por la madre, ignorada por el padre, esclavizada por la madrastra y burlada por las hermanastras) que anhela mostrar lo que hay en ella, lo que verdaderamente se esconde bajo esa polvorienta capa de ceniza que enmascara sus facciones. Por eso hablé del valor especular de este relato: Cenicienta es la heroína femenina más cercana a la injusta realidad que viven las fregonas, esas abuelas de nuestras tatarabuelas, que después de trabajar durante todo el día, narraban, antes de dormirlas/os estas historias a sus hijas/os.

Con respecto a este relato Bettelheim señala que Cenicienta se puede considerar también como la diosa madre degradada, que, al final de la historia, renace de las cenizas como Fénix, el ave mítica.[52]

Desde este lugar se puede leer en él, claramente, la problemática a la reivindicación femenina dentro de las cerradas estructuras patriarcales.

Aquí, Rodríguez Magda podría observar cómo, en el fondo (en los

---

52.   Cf. B. Bettelheim, ob. cit., p. 356.

sentidos literal y literario), la influencia celta hace su juego y permite entrever que bajo toda una genealogía femenina censurada por el falologocentrismo se esconde un matriarcado primitivo.

Breve propuesta para un abordaje de los textos

Ahora bien, la voz femenina, aquella que se expresaba en las historias infantiles creando un mundo mágico de liberación, auto-determinación, ascensión y confianza, se continúa ahora en una nueva voz que expresa, de diferentes modos y desde diversas ópticas, cuál es *el largo camino que has recorrido*, Cenicienta.

He elegido para mi análisis una serie de cuentos escritos por narradoras argentinas que hacen referencia metatextual a los cuentos maravillosos. Me interesa observar cómo hoy aquellos cuentos influyen en la escritura de mujeres, de qué modo esos relatos fabulosos, transmitidos oralmente de generación en generación por nuestras abuelas, madres, tías y nanas, han contribuido a la formación de un imaginario que logra manifestarse en la escritura, de un modo también mágico.

Segundo grupo: Siscar, Solá, Shua, de la ruptura melancólica

CRISTINA SISCAR: "MÁS ECOS DE ESPEJOS"[53]

Cristina Siscar recurre, en este relato, al espejo como elemento mágico que posibilita, por un lado, la magia en sí, y por otro representa el elemento simbólico que permite el enlace entre las generaciones de mujeres.

"Más ecos de espejos" es un título metafórico y evocador. El eco y el espejo, enfrentados, remiten al infinito. El eco, multiplicación en sí, y el espejo, multiplicador por excelencia, proponen una imagen de sugerente progresión geométrica. Pero ambos elementos no están escogidos al azar sino que guardan un estrecho lazo con el espacio de la configuración femenina.

---

53. En *Lugar de todos los nombres*, Buenos Aires, Puntosur, 1988. Todas las citas pertenecen a esta edición.

El eco no es otro que el de las voces de antaño, es el tejido de las voces de aquellas mujeres que tramaron la historia. El eco es voz e imagen al mismo tiempo, o quizá sería más apropiado decir que la imagen es eco, es voz.

El espejo es aquel objeto mágico que, como el de la madrastra de Blancanieves, no sabe mentir; que, como el de Alicia, permite el acceso a otro mundo, casualmente "invertido". Este objeto de carácter mágico llega a la vida de la niña no en cualquier momento, sino "en la edad de aprender a leer y a contar" (se cuentan números pero también se cuentan historias).

La protagonista de este relato no tiene un nombre, pero tiene parte de tres, quizá de cuatro. Ella tiene algo de Alicia, Cenicienta y Blancanieves, lo que equivale a decir que es todas ellas al mismo tiempo porque, como hemos explicado anteriormente, todas ellas son una sola: el paradigma de la mujer que lucha por librarse de sus ataduras.

Las historias de estas tres heroínas le llegan a la niña bajo la forma de libro e imagen a través de la herencia familiar femenina. Si bien en este relato no se manifiesta la tradición bajo su expresión oral, se deja en claro que los relatos maravillosos pertenecen al ámbito de la heredad femenina.

La niña, que posee de Alicia el espejo, de Blancanieves los siete enanitos y de Cenicienta su destino de fregona y doméstica, frota el espejo durante las noches.

> Así, durante muchos años frotó el cristal todas las noches. Y de día, mientras frotaba pisos y cacerolas, alimentaba hijos propios, cosía, bordaba y tejía, no olvidaba dar brillo en su mente a la imagen que él le revelara en la niñez. (p. 41)

Es interesante prestar atención al nivel simbólico de este relato. El día se presenta como el elemento de la realidad y, por lo tanto, de la esclavitud doméstica y el hastío.

La noche es el momento de la fantasía y la preservación de lo privado y personal, cuando limpiar el cristal equivale a cuidar la imagen y, en consecuencia, a preservar la historia de Blancanieves, Cenicienta y Alicia.

La imagen no es otra que la propia imagen, múltiple y una al mismo tiempo. Es la figura del deseo hecho realidad y de la autodeterminación. Esta imagen, como se nos revela al final del relato, no sólo es la propia de la protagonista sino la representación de la liberación, puesto que para acceder a ella la mujer, ya vieja, debe romper su promesa (promesa a la que se ve obligada, en este caso, por una madre que tiene más bien el carácter de madrastra), como quien rompe una cadena.

> Supo que lo que más deseaba, antes de quedar ciega, era romper la férrea promesa como quien rompe una cadena. (p. 42)

Entrelazados de este modo, los elementos entran a configurar un nuevo eco.

La imagen (el eco, el relato) recibida en la infancia y preservada a lo largo de la vida durante las horas de la noche y con la fuerza de la memoria que se resiste a perder lo que verdaderamente le pertenece (puesto que todo se puede quitar menos la propia memoria y la propia historia) es comprendida en su sentido más profundo cuando verdaderamente se la enfrenta, esto es, cuando se está dispuesta a transgredir el orden impuesto.

CRISTINA SISCAR: "ZAPATITOS DE CENICIENTA"[54]

> El baile se anunciaba como un viaje secreto y expreso.

La de Cenicienta es verdaderamente una historia mágica; Blancanieves y la Bella Durmiente (no tan así Bella) son heroínas más pasivas: el trofeo final en honor a sus desventuras —el príncipe— "les llega" gracias a la influencia de sus hadas madrinas. No es éste el caso de Cenicienta que va tras él, quizá porque desde su condición de sirvienta y no de princesa, como en el caso de las otras dos heroínas, el príncipe no pertenece al mundo y orden natural de los hechos de su vida; entonces, debe perseguirlo.

El baile representa la *mise en scène* del relato, el momento y el espacio de la magia absoluta.

Cenicienta, bella como ninguna mujer es, llega a la fiesta y se

54. En *Los efectos personales*, Buenos Aires, De la Flor, 1994. Todas las citas pertenecen a esta edición.

convierte en objeto de todas las miradas. Representa así el objeto del deseo tanto de hombres como de mujeres. El deseo de Cenicienta, el príncipe, no es más que el deseo del deseo del otro (Lacan), y, por tanto, el acceso al objeto del deseo no es otra cosa que el acceso a un objeto de poder.

El baile, la fiesta, entonces, representan ese momento capital de afirmación del narcisismo del personaje y del acceso al objeto de su deseo.

El zapatito, elemento fetiche de comunicación entre un mundo y otro (de acuerdo con Bettelheim, símbolo de feminidad), hace posible que el sueño se convierta en realidad.

"Zapatitos de Cenicienta", el relato de Cristina Siscar, traslada a una versión de nuestros días la "situación del baile". La historia va trazando un paralelo entre Cenicienta y este personaje femenino que no tiene nombre.

Él (con mayúscula) no es un príncipe, es un profesor, de quien nuestra joven está perdidamente enamorada. El profesor se convierte en objeto de sus sueños y de sus ritos de embellecimiento e iniciación. El baile, "que se anunciaba como un viaje secreto y expreso" representa, como en el caso de Cenicienta, el tiempo-espacio de acceso al sueño-deseo.

El baile se configura como rito y pasaje, en este orden. Si no se cumple el rito en todos sus pasos, no hay acceso al pasaje. Y, como observamos en este relato, el rito no tiene lugar en todas su formas y por lo tanto el pasaje tampoco. El baile que se anunciaba (presagiosamente) como un viaje secreto, no es tal.

Como he analizado anteriormente, la magia del relato de Cenicienta es que el personaje comienza siendo "una" y termina siendo la "otra". En "Zapatitos de Cenicienta" el pasaje es imposible dado que la "otra" existe previamente.

El uso de la primera persona del plural —o plural mayestático— ofrece un tono particular a la voz de este relato. El personaje sin nombre, que es uno solo, se enmascara por momentos en un sujeto plural, que es "muchas" mujeres.

Poco sabíamos de reyes entonces. (p. 85.)

De este modo, el cuento de Cenicienta sigue siendo un cuento, un sueño, un pasaje de una realidad a otra al que pocas veces se puede acceder.

Pero no es frecuente perder un zapato en el camino y que un príncipe lo recoja. (p. 91)

La historia de Cenicienta se yergue como modelo paradigmático del rito y del acceso a otro mundo, vale decir, como rito de iniciación.

"Zapatitos de Cenicienta" es un relato que, en definitiva, narra el desengaño amoroso de una adolescente. Las referencias explícitas al cuento tradicional lo convierten en algo más que una historia privada del personaje y le otorga un carácter más genérico, que posibilita, a partir del uso de la tercera persona del plural, una identificación de orden, podría decirse, comunitario o grupal.

Pero, a diferencia de aquellos cuentos, donde la felicidad y el éxito eran un hecho garantizado desde el comienzo, en estos relatos el fracaso también es atributo de las "buenas". Si la historia de Cenicienta se repitiera frecuentemente cada vez que una mujer persigue el amor, la felicidad y el éxito,dejaría de ser lo que es y se convertiría en irrelevante, dado el nivel de realidad que la gobernaría, y si todos los zapatitos guardaran la misma magia y poder, dejarían de ser, como dice Cristina Siscar:

> ... el zapatito de Cenicienta, de tacos aguja, por donde el destino pasó el hilo. (p. 90)

MARCELA SOLÁ: "BODAS"[55]

"Se casaron y fueron felices" es el consabido final de los cuentos de hadas.

La boda, en los cuentos maravillosos, no es objeto de relato. La boda y la felicidad posterior se resumen en una sola oración final.

Marcela Solá en "Bodas" propone una nueva alternativa desde donde narrar los pormenores de este episodio. Los relatos maravillosos jamás problematizan la posibilidad del enamoramiento entre la heroína y el príncipe. Está por encima de todo cuestionamiento que ellos deben amarse ante la primera mirada que se prodiguen, incluso desde antes.

---

55.   En *Manual de situaciones imposibles*, Buenos Aires, Carlos Lohlé, 1990. Todas las citas pertenecen a esta edición.

¿Qué hubiera pasado si Blancanieves o la Bella Durmiente al abrir los ojos hubieran renegado de su príncipe? Impensable.

En cierto sentido lo que Marcela Solá hace en este relato es problematizar esta situación, tan estandarizada en los cuentos maravillosos.

Se recurre nuevamente a un personaje sin nombre, pero con los atributos de Blancanieves, que tiene un padre rey y una reina madrastra que ostenta la pertenencia de un espejito mágico. El mismo personaje hace referencia a sí misma, como a una estúpida Blancanieves.

> Infeliz de mí, estúpida Blanca Nieves, arrodillada hasta hace pocos días delante de su cama durante horas, implorando para enamorarme de su futuro marido. (p. 12)

El planteo del relato se basa en la alternativa del "no" como respuesta a lo dado, lo cual habla evidentemente de un acto de libertad y no de aceptación sumisa como, en cierta forma, plantea Solá para el sí de Blancanieves (la auténtica).

> Yo no sé decir que no. Es la razón por la cual rezo: para salvarme de todo lo que acepto. No, no había horizonte. (p. 13)

En un mundo ajeno a las leyes de lo maravilloso, las soluciones deben devenir de la propia voluntad del personaje y no del poder de las hadas y de los milagros.

Del mismo modo como Cristina Siscar lo propone en "Zapatitos de Cenicienta", Marcela Solá plantea un mundo que ya no responde a las leyes de lo maravilloso, pero donde las referencias a ese plano están siempre presentes.

Blancanieves o Cenicientas, los personajes femeninos actuales trazan lazos de parentesco con aquellas heroínas que han contribuido a la formación de un imaginario que actúa como una referencia constante frente a las experiencias de lo cotidiano.

> Inútil, lo maravilloso no se hacía presente. (p. 13)

La figura de la madre presentada también como reina madrastra parece querer responder al esquema del enfrentamiento madre-hija por los espacios de poder. Este enfrentamiento cuerpo a cuerpo impone, como magistralmente analiza Julia Kristeva en el tópico del *stabat mater*, el aprendizaje de la diferenciación de los iguales.

> La relación con la otra mujer está planteando a nuestra cultura, masivamente desde hace un siglo, la necesidad de reformular sus representaciones del amor y del odio, heredadas de *El banquete* de Platón, de los trovadores o de Nuestra Señora. También en este plano la maternidad abre un horizonte: una mujer rara vez traspasa (aunque no necesariamente) su pasión (amor y odio) por otra sin haber ocupado el lugar de su propia madre, sin haberse convertido ella misma en madre y, sobre todo, sin el largo aprendizaje de la diferenciación de los iguales que le impone el cara a cara con su hija.[56]

Sin lugar a dudas, este juego que lleva a la diferenciación de los iguales propone la ruptura con el orden de lo genérico para entrar al orden de lo individual.

"Bodas" nos muestra la figura de una madre-reina-madrastra que consulta constantemente el saber de su espejito motivada por una necesidad de poder y belleza:

> Mi madre, con el maquillaje levemente desintegrado por los nervios y la transpiración, pregunta nuevamente: espejito, espejito, quién es la más bella y poderosa. Tú eres, oh reina, la más bella y poderosa. (p. 14)

Este enfrentamiento madre-hija, Blancanieves-madrastra, está sostenido fundamentalmente sobre dos ejes, el del poder y el de la belleza. La belleza femenina, no olvidemos, implica al mismo tiempo un arma de poder.

El cara a cara entre madre e hija lleva al personaje femenino, como dije antes, a la diferenciación entre los iguales, y, en tanto diferenciada e individualizada, el personaje es capaz de una decisión propia, aun cuando tal decisión implique el escándalo y la soledad, y —lo que es peor todavía— el destronamiento y el exilio.

---

56.   Julia Kristeva, "Stabat Mater", en *Histories d'amour*, París, Denoël, 1983, p. 229.

Pero es el precio que se está dispuesta a pagar en nombre de la autodeterminación.

ANA MARÍA SHUA: "CENICIENTA I, II, III Y IV" Y "LOS ENANOS SON MINEROS"[57]

La propuesta de Ana María Shua difiere de la de Siscar y Solá en dos elementos que se destacan rápidamente: la breve extensión de sus textos y el humor irónico y paródico con el que los construye (en Marcela Solá también hay humor, pero se trata de un humor más sutil).

A "Cenicienta I, II, III y IV" imaginariamente podríamos agregar V, VI y VII puesto que, después de leerlos, da la tentadora sensación de seguir proponiendo situaciones continuando con la fórmula. ¿Cuál es la fórmula? Desmitificar, deconstruir, subvertir, transportar el cuento de hadas.

> Desde la buena fortuna de aquella Cenicienta, después de cada fiesta la servidumbre se agota en las escalinatas barriendo una atroz cantidad de calzado femenino, y ni siquiera dos del mismo para poder aprovecharlos. ("Cenicienta II", p. 75)

Los textos de Ana María Shua proponen una variante lúdica que nos invita a entrar en ese juego cuyas reglas son la imaginación, la osadía y el humor. Así, por ejemplo, hemos de imaginarnos a una Cenicienta que, perdido su zapatito, jamás lo recuperará, dado el fetichismo del príncipe ("Cenicienta I") o a miles de mujeres que abandonan, fiesta tras fiesta, sus zapatos en las escalinatas a la espera de un príncipe que sabemos jamás llegará ("Cenicienta II"), o sencillamente una nueva historia, deconstruida, donde el príncipe se queda con una de las hermanastras ("Cenicienta III") o, como propone "Cenicienta IV", un príncipe que no salva a Cenicienta de las exigencias y amenazas de la madrastra, pues él también se presenta como una figura dominante y superyoica que tortura a nuestra heroína.

De mayor extensión, pero aún conservando la brevedad, es el

---

57.   En *Casa de gueishas*, Buenos Aires, Sudamericana, 1992. Todas las citas pertenecen a esta edición.

texto titulado "Los enanos son mineros", donde asistimos a los acontecimientos que transcurren luego del "se casaron y fueron felices".

> Blancanieves y el Príncipe se refugian en la casita del bosque. La Reina mala está vieja y aburrida y de vez en cuando los visita: su hijastra es ahora una mujer de cierta edad y el espejo mágico le dice que las hay más bellas. (El espejo es malvado pero no miente.) Los enanos se separaron y escriben desde países lejanos y diversos.

> El príncipe se acuerda a veces de su primera esposa y se pregunta cómo habría sido su vida si no se hubiera separado de Cenicienta. (pp. 79-80)

Ana María Shua se ríe de esa felicidad detenida e inexistente como queriendo decir: ¿se lo creyeron?, ¡vamos!, ninguna dicha es eterna, ¡miren lo que pasó después!

Desmitificar el cuento de hadas, hacerlo trastabillar, proponer para la vida posterior de Blancanieves y el príncipe situaciones no mágicas, implica acercarlo a la experiencia cotidiana de los "comunes", equivale a decir "el cuento se acabó, la magia se acabó, la dicha no es para siempre".

Todo aquello que parecía fijo e inamovible, aquellos elementos paradigmáticos que funcionaban dentro de la lógica de los cuentos maravillosos como modelos platónicos, cae, sucumbe, se mueve.

Así Blancanieves envejece y deja de ser la más bella; la madrastra se "abuena"; el príncipe, aburrido, piensa en cómo hubiera sido su vida con Cenicienta.

Los textos de Ana María Shua proponen una caída de los estereotipos; la bondad, la maldad, la belleza, la felicidad y el amor fiel e incondicional ya no funcionan como valores absolutos encarnados en los personajes.

Al igual que el beso del príncipe azul despierta a la Bella Durmiente de una inmovilidad de cien años, los textos de Shua sacan a los cuentos maravillosos del largo letargo en el que se encontraban inmersos, con la diferencia de que en el primer caso las leyes continúan intactas y en el segundo no, las leyes no son otras que las del mundo cotidiano, donde la magia prácticamente no existe o, en todo caso, se ha convertido en una magia emancipada, que hace lo que a ella se le antoja.

Posibles conclusiones

¿Por qué rompen las narradoras contemporáneas con el cuento de hadas y desde dónde lo hacen?

Como ya he citado, Ana María Fernández advierte que, si bien es pertinente el análisis de los discursos en su especificidad, éstos no pueden pensarse fuera de la demanda social en la que se constituyen.

Por lo tanto, cualquier reflexión que se haga con respecto a la pregunta antes enunciada no deberá perder de vista los momentos y las demandas sociales en los que los distintos discursos se constituyeron.

He planteado a las hadas como espacio de la utopía femenina. No es de extrañar que dentro de un momento histórico que postula la caída de las ideologías (y consecuentemente de las utopías) el discurso del cuento maravilloso se vea burlado o subvertido.

Para ser consecuente con la idea estructural de este trabajo y cumpliendo con la atención a las demandas sociales de los espacios de constitución de los discursos, es conveniente aclarar que ambos discursos atienden problemáticas propias de la reivindicación femenina. Problemáticas y reivindicaciones entendibles y atendibles dentro de los diferentes momentos de su constitución.

Quizá podría resultar contradictorio hablar de un "protagonismo" y una "actuidad" femeninas dentro del cuento maravilloso y observar, por otro lado, que tal actividad se "congela" en la obtención del trofeo único: el príncipe-marido, pero tal vez la demanda del momento necesitara plantear el acceso al objeto-príncipe (tal como lo plantea Juliano) como un modo de marcar los alcances del poder femenino.

Seiscientos años nos separan de aquel momento (para aventurar un cifra); París-Lesbos, mayo de 1968 y feminismo de por medio, seguir hablando del acceso al príncipe-marido como "mayor estado de poder y felicidad" para el mundo de lo femenino sería entrar en una contradicción con los límites de las actuales reivindicaciones.

Aquellos relatos proponen, "a esta altura", un mundo esclavizante, de sometimiento y subordinación, a pesar de todo, a construcciones patriarcales.

De todas formas, es innegable la instancia de realización imaginaria del "poder femenino" que posee el cuento de hadas, y creo que sólo desde ese lugar es retomado y deconstruido por las narradoras actuales.

Los dos mundos se presentan de continuo enfrentados, pero no se trata del enfrentamiento de dos mundos paralelos o antagónicos, sino de la inclusión de uno en otro, dado que, en tanto configurador de un imaginario, el espacio del cuento maravilloso comparte el espacio de lo cotidiano en donde este imaginario se proyecta.

Esta proyección es la que permite captar las diferencias o las alteraciones entre una historia (1, maravillosa) y otra (2, real), pues allí donde la historia 1 muestra a Cenicienta bailando con el príncipe, la historia 2 muestra al profesor entrando con otra ("Zapatitos de Cenicienta"); o allí donde la historia 1 proyecta a Blancanieves enamorada y aceptando sin preámbulos la boda, la historia 2 propone a una Blancanieves imposibilitada de amar a su futuro marido y rechazando, en un valeroso acto de autodeterminación, la boda ("Bodas"); o allí donde la historia 1 presenta a Blancanieves detenida en la felicidad eterna, la historia 2 nos ofrece el panorama del hastío del matrimonio y de la decadencia física de la heroína ("Los enanos son mineros").

Como hemos observado en algunos de los cuentos analizados, protagonizados por seudo Cenicientas, Blancanieves y Bellas Durmientes (o si el prefijo *seudo* es muy fuerte, puesto que no pretendo valorar en términos de verdad o falsedad, propongo "aggiornadas"), varias de esas historias retoman el tejido allí donde fue abandonado, donde fue censurado y detenido, tal vez allí donde fue adormecido. Parece que los cuentos, como sus personajes, despertaran de un largo sueño.

Dice Bruno Bettelheim:

> Muchos héroes de los cuentos de hadas, en un determinado momento de su vida, caen en un profundo sopor o son resucitados. Todo despertar o renacer simboliza la consecución de un estadio superior de madurez y comprensión.[58]

Sin lugar a dudas, el hurgar más allá del "se casaron y fueron felices" manifiesta un gesto de búsqueda y develación. Aquel príncipe que ostentaba la llave de la felicidad desapareció y en su lugar sólo quedó el deseo y el hueco de su huida.

Por eso la aggiornada Blancanieves implora que le llegue el

---

58.   B. Bettelheim, ob. cit., p. 300.

amor y que se presente lo maravilloso; por eso la aggiornada Cenicienta se viste de fiesta, ataviada de fracasadas ilusiones; por eso la aggiornada Blancanieves 2 se divorcia del príncipe, porque los atributos principescos de antaño han desaparecido y el hechizo se ha roto. Ningún hombre es azul. Ninguna solución es mágica.

Prestemos atención a esta afirmación de María Luisa Lerer y observemos el tono político-ideológico que la impregna:

> "Había una vez..."
> Durante muchos años nos educaron contándonos cuentos acerca de mujeres que dormían un largo sueño hasta que un varón, príncipe y valiente, llegaba... En general el cuento terminaba aquí... Durante siglos nos creímos todos esos cuentos en los cuales el varón nos daba vida, alegría, placer, conocimiento de nuestro cuerpo... El cuento se acabó. Y se acabó porque la vida, la realidad, nos hizo sentir y saber de manera muy diferente: no hay príncipes ni los queremos. Los varones no siempre nos hacen vibrar porque saben muy poco de nosotras como personas, de nuestra genitalidad o de nuestras reacciones.[59]

Parece un discurso de reniego y demanda y, sin duda, lo es.

Podemos pensar que aquel discurso que antaño era el espacio de la utopía, de la evasión de la domesticidad y de la posibilidad del ascenso social, o —en términos de Bettelheim— la posibilidad para "la elevación a un plano superior y más satisfactorio para emprender una existencia más rica y feliz";[60] hoy es entendido como altamente esclavizante, del que se hace preciso escapar, un discurso de sometimiento patriarcal.

¿Cómo armonizar estos dos momentos, si, de hecho, queremos comprender a ambos discursos como protagonismo y voz femeninos?

Dice Rodríguez Magda cuando se refiere al protagonismo de la mujer en el discurso trovadoresco:

---

59.   María Luisa Lerer, *Sexualidad femenina. Mitos y realidades*, Buenos Aires, Paidós, 1995, pp. 17-18.

60.   B. Bettelheim, ob. cit., p. 300.

> Este protagonismo no implica, por desgracia, ninguna liberación revolucionaria, ni en ocasiones siquiera apreciable, de la situación de la mujer en la época.[61]

Creo que es posible decir que lo mismo ocurre con el cuento de hadas, donde el protagonismo y la utopía femeninos no pueden romper los límites del discurso patriarcal (que terminó por definir su configuración definitiva).

Tal vez la sutileza del mensaje, que nunca es directo, sumado a la pátina de un tiempo patriarcal, haya ido desdibujando esta utopía donde —como se dijo en una interpretación osada— Cenicienta puede leerse como la imagen de una matriarcado oculto bajo las cenizas.

Como dice María Luisa Lerer:

> Somos transmisoras de conceptos sobre los que no hemos reflexionado y que en general perpetúan valores que a nosotras, las mujeres, nos subsumen, nos disminuyen, nos esclavizan y nos hacen sufrir.[62]

Quizá entonces, por eso, el cuento tiene ahora dos partes, la tradicional y su correspondiente extensión actual, la que responde a las demandas medievales y la que responde a nuevas demandas; la del protagonismo privado y doméstico y la del protagonismo público y político.

Pero, creo yo, aunque se reniegue en algunos casos (como el antes citado) del cuento de hadas por lo que pueda significar hoy en día de esclavizante, las hadas conservarán siempre, para nosotras, ese reducto mágico donde algún sueño aún es posible. Porque así como la hemorragia es maldición, también es la vida misma; es el sino de la herencia femenina y la contradicción que genera el movimiento en el que estamos inmersas y desde el cual escribimos.

---

61. R.M. Rodríguez Magda, *Feminismo fin de siglo*, p. 109.

62. M.L. Lerer, ob. cit., p. 17.

Conclusión

> "Cuando dices Hombre", replicó
> Edipo, "incluyes a las mujeres también.
> Todos lo saben". Ella dijo: "Eso es lo que tú
> crees".
>
> MURIEL RUKEYSER

El espacio de lo imaginario y de la palabra (lo simbólico) están presentes en este breve texto. También el espacio de lo genérico.

La Esfinge, pudiendo hacer uso del poder, se venga en Edipo del vaciamiento de sentido que sufre la mujer en el lenguaje.

Podría decir, a esta altura ya conclusiva, que la escritura de mujeres (al menos las del corpus seleccionado) se proyecta en la misma dirección que el mensaje de la Esfinge. No en lo que atañe a tomar una venganza en el cuerpo y en la historia de Edipo (al menos no directamente), sino en lo que respecta a la modificación del imaginario social de orden patriarcal: cuando se dice "hombre" no se incluye a las mujeres.[63]

Nominar, poner nombre, implica la subversión respecto de los modelos impuestos y la posibilidad de acceder a nuevos ordenadores de sentido.

Estos gestos "nominalizadores" comportan en todos los casos un compromiso genérico, en tanto tienen que ver con una actitud política.

Si bien desde ya hace mucho tiempo las teorías nos señalan la prescindibilidad del autor (padre) de la obra y de sus intenciones, creí oportuno recurrir a las declaraciones de algunas de las autoras (como las citadas de Roffé y Molloy) y abordarlas como paratextos.

A partir de allí surge con más fuerza la certeza de que las escritoras asumen en su palabra un compromiso político de orden genérico. Este compromiso no rivaliza con una enunciación personal, sino que la implica, puesto que la memoria individual comporta en sí misma una genealogía de tipo genérico.

He radicalizado en dos grupos esta posición adoptada frente al género para este estudio:

1. De la escritura tegumentaria (Molloy y Roffé), donde la escritura

---

63. He desarrollado este aspecto en el apartado "Nominalización del malestar".

es enfrentada desde una subjetividad fragmentada y plural que hace espejo en una historia también fragmentada.

Tanto subjetividad como historia necesitan de una voz, de un lenguaje, que pueda poner orden.

La búsqueda de esta voz y este lenguaje se abre, en ambos casos, hacia una proyección de orden genérico.

En *En breve cárcel* la voz narrativa es enmascaradora de una multiplicidad de voces femeninas. Se trata de una voz que alcanza la conciencia de que el relato privado no existe y de que aún está alejado de los vaivenes de la autobiografía.

En Reina Roffé la voz debe lidiar contra los embates de la violencia del silencio patriarcal y encontrar su esplendor en medio de los pedazos dispersos.

Personajes en busca de una identidad, de una voz, de un orden, de una historia "otra".

Ambas novelas son enunciadas desde un lugar no-lugar, desde un lugar otro, coincidentemente el de la extranjería, tanto social como genérica. No debe resultarnos curioso que ambos textos concluyan con los personajes en situación de viaje (así comienzan también), situación implicada precisamente con la búsqueda que los motiva.

El apartado que reúne a ambos textos, "De la escritura tegumentaria", practica un acercamiento a la práctica escritural de las mujeres desde una teoría del velo.

La escritura tegumentaria es la manifestación de la necesidad de fijar los límites del propio cuerpo.

Así la escritura se declara, en algunos casos, como designación de un lugar, de una zona de superficie que compromete a la mujer toda. El concepto lacaniano de fragilidad de la imaginarización del cuerpo se hace manifiesto en la importancia y tematización del cuerpo en la escritura.

Respecto de la consigna planteada en el comienzo acerca de la alternativa que queda a la mujer —explorar el silencio o representarse como un hombre castrado—, se ha visto que la actitud adoptada es la de la exploración del silencio. Esta exploración posibilita, indudablemente, la imbricación con otras cuestiones, como la búsqueda de un lenguaje.

Desde este lugar la escritura de mujeres, fuera del orden del logos patriarcal, responde a la perspectiva de la otredad lacaniana, pues es asimilable a lo imaginario (el acceso al orden simbólico se ve afectado por la imposibilidad de gestar una voz, un sujeto y una representación). Aunque quizá acá no haya que hablar de incapacidades o imposibilidades sino de elecciones de mundos de representación (si existe la posibilidad de hablar de lo otro de lo otro y que no se lea lo mismo, estoy refiriéndome a eso, pues el otro es también una construcción patriarcal y la deconstrucción acarrea estas implicancias).

2. De la ruptura melancólica (Shua, Siscar, Solá), donde la escritura parte claramente del compromiso con una conciencia genérica.

Este grupo se caracteriza por la intención reivindicatoria que surge en la práctica escritural y por tanto utiliza al cuento de hadas, mito femenino, como pre-texto y metatexto.

La inscripción genérica surge inmediatamente ligada al concepto de heredad femenina. La hemorragia y el cuento de hadas pertenecen a este ámbito.

El cuento de hadas es la voz femenina infiltrada a lo largo de la historia, es el espacio de lo privado hecho público, es la lectura "ingenua" del hombre como objeto, es la manifestación del triunfo del oprimido, del otro.

Esta voz ancestral se encarniza hoy en las narradoras que, melancólicamente, acogen y deconstruyen este discurso por entenderlo *demodé*, pues lo que antaño podría haber sido un modelo de liberación, en épocas de emancipación no es sino otra forma de sometimiento y subordinación.

El cuento de hadas es y ha sido constitutivo de un imaginario femenino que, a estas instancias, reniega de sí mismo en una dialéctica de amor-odio.

De este modo, respondiendo nuevamente a la imposibilidad y necesidad de erigirse como sujetos individuales, todos los personajes tienen algo de Cenicienta, Blancanieves o la Bella Durmiente, pero reniegan de ello, desean extirpar de sí esa multiplicidad genérica ancestral para acceder a la categoría de sujetos individuales.

Como puede observarse, ambos grupos comparten el gesto de enfrentar la escritura desde una conciencia de tipo político que inscribe (en la letra) el cuerpo, el género, el compromiso, el deseo y la dificultad.

Este tipo de escritura se sabe "de la diferencia" e intenta nombrar esa diferencia delimitando los rasgos de una genealogía "somacéntrica" (la mujer, históricamente, se resiste a la descorporización), alógica y afálica, que, ya balbuceando y borroneando, ya renegando y parodiando, permita acceder a la formación de un sujeto pleno, de forma tal que, si el mito llegase a retornar, Edipo, ante el enigma de la Esfinge, deba responder: "El hombre y la mujer".

Lo femenino y algunas claves del horizonte simbólico en *La pasión*

María Angélica Álvarez

Todo acto de semiosis textual implica una concepción antropológica. Será entonces la lectura y la relectura del texto el itinerario idóneo que (nos) reenviará a las claves de aquella concepción y, por ende, a las matrices discursivas generadoras de su horizonte simbólico.

Frente a *La pasión*,[1] segunda novela de la escritora inglesa Jeanette Winterson (1959), el primer gesto del lector suele ser de sorpresa y perplejidad; el segundo, de inevitable búsqueda. La perplejidad deviene como emergente natural por lo que el texto supone de *transgresión y de innovación*. La siguiente instancia, la de la reflexividad, avanza casi simultáneamente como proceso de desocultamiento que opera desde la superficie discursiva de los significantes hacia la validación de significados inéditos.

A partir de la lectura se inaugura un acceso, en progresión ascendente, a aquellas prácticas transgresivas e innovadoras que atravesarán, contaminándolos, todos los niveles: primero, el de la *poiesis*, desde sus procedimientos a sus modelos; después, el de la *noesis*, desde las imágenes proyectadas a sus paradigmas genéricos.

Quizá se vislumbre aquí otra versión, más atrevida que todas las anteriores, del antiguo e inacabable juego apariencia-realidad.

Aparentemente se trata de una *novela histórica* (obra de ficción en prosa en la cual se pretende reconstruir deliberadamente el pasado y en la que se pueden deslindar dos planos íntimamente relacionados entre sí: la trama ficticia, que constituye el nivel argumental, y el

1. Buenos Aires, Sudamericana, 1989, trad. de Elena Rius. Todas las citas están tomadas de esta edición.

trasfondo histórico-real reconocible). Varios son los indicios que podrían avalar la clasificación. La apertura de la obra ofrece ya un nombre respaldado por el referente de la historia como disciplina, fundante de un concepto de "verdad": Napoleón, la figura fuerte por antonomasia. El lapso que abarca la acción principal —desde poco antes de la coronación, la campaña a Rusia y la decadencia— ofrece marcas cronológicas precisas, verificables en aquella misma fuente:

> En 1799, cuando Napoleón estaba aún luchando por el poder, el general Hoche, héroe de los escolares y antiguo amante de madame Bonaparte, había ido a Irlanda y había estado a punto de vencer a los ingleses. (p. 31)

> Era el día de Año Nuevo de 1805... (p. 55)

También con respecto al espacio, los topónimos mencionados —Francia (París, Boulogne), Venecia, la estepa rusa, San Servelo— aluden a un marco geográfico cierto en el que se inscriben las acciones.

En cuanto al discurso inicial de la novela, evidentemente entroncado con el realismo tradicional (tributario de la crónica fiel), parece ofrecer la textualización idónea para la narrativa histórica:

> Napoleón tenía tal pasión por el pollo que hacía trabajar día y noche a sus cocineros. Qué cocina aquélla, con aves en todos los grados de despojamiento; algunas aún crudas y colgadas de ganchos, otras girando lentamente en el espetón, y la mayor parte en inútiles montones porque el emperador estaba ocupado. (p. 13)

A pesar de los elementos enunciados (personaje, tiempo-espacio y discurso), lejos de asistir a la concreción del modelo estético esperado, el lector empieza muy pronto a descubrir que transita no sólo hacia la corrosión-"derrisión" de aquel modelo, sino que queda irremediablemente atrapado en un proceso artístico portador de nuevas connotaciones antropológicas. La ficción leerá y dirá la historia de otra manera porque son otra la voz y otra la mirada que la dice y que la lee. Esta afirmación quizá parece demasiado fuerte y hasta riesgosa; sin embargo, el texto la fundamenta pródigamente.

La figura destinada a fijarse como paradigma, según el mandato de la tradición —el protagonista, el héroe— es la primera sobre la que operan los procedimientos de la "derrisión". Con la línea inaugural (antes citada) de la novela se abre también el proceso de deconstrucción del personaje histórico. Más adelante, la voz narradora expone, a modo de refuerzo:

> Es extraño estar tan dominado por un apetito. (p. 13)

Los pollos, la cocina, la mesa, los caballos y los propios apetitos configuran el marco en el que se inscribe, intencionalmente, la imagen emblemática del emperador.

A partir de aquí se avanza no sólo hacia la abolición de la "distancia épica" (M. Bajtín) de la ficción histórica canónica, sino que se elimina la "alteridad del acontecimiento" (P. Ricoeur) inherente a la historia como disciplina. Tal movimiento se traducirá en una degradación progresiva del mito hasta su total imposibilidad.[2]

En un enunciado que se semantiza como metaficción, el propio texto parece aludir al itinerario discursivo que en una sociedad consolida universos de significaciones e instituye-legitima mitos con fuerza de verdad.

> Hoy en día, la gente habla de las cosas que él hizo como si éstas tuvieran sentido. Como si hasta sus más desastrosos errores fuesen sólo el resultado de la mala suerte... (p. 15)

En tal urdimbre, la voz responsable del relato (Henri), emergente de un lugar ajeno al saber institucionalizado (el del servidor), practicará fisuras, subvertirá "verdades", inaugurará otra génesis de sentido que parece sugerir también una interpretación diferente con respecto a la tan debatida cuestión del poder.

Dos órdenes empiezan a configurarse indisolublemente articulados: escritura y validación/invalidación del saber.

La perspectiva temporal, soporte incuestionable del arte de novelar y línea fundante de la secuencia histórica, se problematiza y se autodestruye simultáneamente en una doble instancia: la de la vida y la del relato.

---

2. Sobre la cuestión apuntada resulta particularmente valioso el trabajo de Fernando Ainsa, "Nueva novela histórica y relativización del saber historiográfico", en *Casa de las Américas*, XXXVI, 202, enero-marzo de 1996.

La supuesta novela histórica anulará el pasado desde el discurso:

> Tiene razón Domino: sólo existe el ahora. Olvida el pasado.

> [...] Olvidando. No se pueden retener en la mente demasiadas cosas.
> Sólo existe el presente, y nada que recordar. (p. 53)

alternará reiteradamente presente y pasado, será irreverente para con el orden cronológico y negará el futuro.

> El futuro. Tachado. (p. 93)

Queda abolida la noción de tiempo convencional y con ella toda una lógica, una manera conocida y aceptada de ordenar-interpretar los hechos.

Nuevamente la presencia del discurso para registrar y reorganizar el caos: la escritura del diario, única posibilidad de perduración y de memoria. Sin embargo, este diario —destinado a atrapar la realidad, la verdad— es un ejemplo más de los modos de ficcionalización a los que el hombre somete el mundo y su acontecer. Se opera un tránsito inexorable de la certeza a la ambigüedad, subrayado por las alusiones permanentes a la narración y a la escritura:

> La manera en que lo ves ahora no es más real que la manera en que lo verás entonces. (p. 39)

La cita es parte del consejo que uno de los personajes —Domino— da al ingenuo hacedor del diario y apunta a desenmascarar las trampas urdidas por la memoria y las palabras.

En este proceso de desacralización que se perfila múltiple, el nivel del espacio adviene también problematizado. Equívocamente las marcas toponímicas ofrecidas por la narración no avalan indicios de certidumbre, sino que enfatizan aquella cada vez más insistente ambigüedad. Así, Francia y Rusia se convierten en continentes de la guerra y se asocian a la idea de caos. Venecia (indudablemente privilegiada aquí) es "... la ciudad de los laberintos...", "... la ciudad de los locos...", "... la ciudad de los disfraces...".

Finalmente, San Servelo se identifica con el manicomio, el sitio de la locura, clave, quizá, de una mutación de lógica que se filtra subrepticiamente a través de la escritura de Jeanette Winterson. Pero esa ambigüedad *in crescendo* que parece contaminar todos los lugares alcanza su versión máxima en el espacio metafórico reiteradamente nombrado por la voz narradora:

Las ciudades interiores [que] no figuran en ningún mapa. (p. 123)

Frente a un intento de categorización (o clasificación) de este tipo de narrativa, la tarea conduce también a un terreno incierto.

Si engañado por el "referido" que se construye en las páginas iniciales, mediante procedimientos de verosimilización reconocibles, el lector cree asistir a una obra generada en la poética del realismo —portadora de la notación del detalle concreto, indubitable— bien pronto el texto le ofrece indicios para la vacilación, indicios que insisten en subrayar la naturaleza constitutivamente ambigua del relato:

... oyó hablar de cierto cura, que había ahorcado los hábitos, cuyo ojo derecho era como el tuyo o como el mío, pero cuyo ojo izquierdo podía avergonzar al mejor telescopio. Su expulsión de la Iglesia se había debido a que observaba a las muchachas desde el campanario. Esto es algo que hacen todos los curas, pero en el caso de Patrick, merced a las milagrosas propiedades de su ojo, ningún seno estaba a salvo. Una joven podía estar desvistiéndose dos pueblos más allá, pero, si la tarde era clara y ella tenía los postigos abiertos, era como si hubiese ido a presencia del cura y se hubiese desnudado delante de él. (p. 31)

—Necesito un mapa.
—No servirá de nada. Ésta es una ciudad viva en la que todo cambia. (p. 122)

Pasamos frente a palacios saqueados cuyas cortinas oscilaban en ventanas sin postigos y en ocasiones divisé una figura delgada asomada a un balcón destartalado.
—Son los exiliados, las gentes que expulsaron los franceses. Aunque están muertos no desaparecen. (p. 123)

—En esta casa encontrarás mi corazón, Henri, tienes que entrar y recuperarlo para mí.

[...] —¿Quieres que entre en esa casa y busque tu corazón?

—Sí.

Era fantástico. (p. 125)

Aquí hay misterios que sólo conocen los muertos. Te diré una cosa: aquí los barqueros tienen pies de pato. (p. 127)

Se trata de ejemplos que obligan a reexaminar categorías, a romper pactos preestablecidos, y que acercan la novela a los módulos de expresión del "realismo mágico" americano, al naturalizar lo maravilloso en el plano del habla de los personajes.

Varias son las marcas textuales que han delatado hasta aquí la mirada transgresora y el gesto de rebeldía que indudablemente presiden la escritura de la obra, pero donde el trazo de la subversión, en términos formales, proyecta su actitud más relevante es en el plano de la discursividad, en el acto mismo de contar. Y es el discurso ficcional, su factura, el que reclama casi con ritmo de estribillo la atención del lector. Se repite una y otra vez:

Os estoy contando historias. Creedme. (pp. 15, 23, 78, 166)

O se afirma:

Las historias eran lo único que poseíamos. (p. 116)

Eso no lo creáis. (p. 33)

Inventé a Bonaparte como él se inventó a sí mismo. (p. 164)

Se alude, evidentemente, al gesto de mascarada en el nivel del significante y a la diversidad de historias internas pluralizadas infinitamente por voces y situaciones narrativas que desalojan a la historia.

La oralidad se filtra en el relato y, saboteándolo, aporta incesantemente las "versiones" que se tejen y circulan en el vasto entramado de la sociedad.

En este nivel los personajes ejes del rol narrador (Henri/ Villanelle-masculino/femenino-los dos yoes) superan y complejizan su función y, desde la autodiégesis, operan en una doble dirección: por un lado como núcleos productores, y, por otro, como polos receptores-portadores de discursividad y relatos (y saberes); relatos y discursos que los van constituyendo como modos diferentes de aprehender-interpretar el mundo.

El yo, sujeto masculino, ha asumido el *diario* como matriz narrativa para ofrecer la "verdad" y en ese acto ha practicado la primera quiebra: la escritura del diario es "ficcionalizadora" en tanto selectiva (sólo se puede recordar y olvidar) y subjetiva con respecto a la realidad, e instala una ilusión de presente en una mirada que es retrospectiva desde el comienzo. Además, con la factura del *diario* se cruza permanentemente la de la *memoria* saboteándola, invadiéndola, borrando fronteras. El recuerdo instala un discurso mediado y transforma al sujeto que narra en objeto narrado. El ritmo continuo de distanciamiento y acercamiento elabora un juego irreverente para con las convenciones, pero pleno de sugerencias para con el semantismo y el descubrimiento.

> Cuando recuerdo aquella noche aquí, en este sitio en el que siempre estaré, me tiemblan las manos y me duelen los músculos. Pierdo el sentido del día y de la noche, pierdo la noción de mi trabajo, escribir esta historia, intentar transmitir lo que realmente sucedió. Intento no dejar volar excesivamente la imaginación. Puedo pensar en aquella noche por error, mis ojos confunden las palabras, que tengo delante, la pluma se levanta y permanece en el aire. (p. 112)

En lugar de la cronología esperable en un registro cotidiano de vivencias el lector ingresa en una "cronologización" de los movimientos del espíritu, de sus pasiones (por Villanelle, por Napoleón, por la escritura).

La verdad que se prioriza en ese intento o proyecto de formalización de experiencias es la de los sentimientos por sobre la de los hechos:

> Creo que fue aquella noche cuando empecé a odiarle [a Bonaparte].
>
> Yo no sabía lo que es el odio que sigue al amor. Es inmenso y desesperado y arde en deseos de comprobar que se equivoca. [...] Y no sólo se odia a la persona sino a uno mismo, por haber sido capaz de amarla alguna vez. (p. 94)

211

Paralelamente a la estructuración textual, la voz masculina empieza a desestructurar otras categorías, las de los géneros culturales, exiliándose de su propio paradigma, exhibiendo en el cruce de matrices narrativas (aptas para la proyección de la subjetividad) rasgos tradicionalmente adjudicados a la serie femenina: los sentimientos, lo íntimo.

En una misma operación se concreta la desestabilización de modelos hegemónicos pertenecientes a sistemas (o subsistemas) diversos: ideológico y artístico.

En la novela también existen segmentos de relato épico (entendido éste como constructo caracterizado por la objetividad y el monologismo) destinados a multiplicar, perpetuar, dispositivos de poder institucionalizados, sobre todo en la primera parte (pp. 25-26) cuando se hace referencia a la llegada de Napoleón y sus generales, a sus batallas y campañas y al impacto de tales acontecimientos en la educación de los jóvenes. Resultan esclarecedoras al respecto las palabras con las que el narrador (Henri) cierra uno de esos segmentos:

> El cura [su mentor] llevaba un dibujo de Bonaparte junto a su estampa de la Santísima Virgen, y yo crecí con esas dos imágenes en la mente... (p. 26)

Sin embargo, el lugar (no privilegiado) desde donde se cuenta permite focalizar aquellos dispositivos de poder y a la vez denunciarlos, desmontarlos, mediante el discurso autorreflexivo, revisor.

> Hasta los franceses empezaban a hartarse. Hasta las mujeres sin ambiciones querían algo más que procrear niños para la muerte y niñas que crecerían para procrear más niños. Estábamos cansados. Talleyrand escribió una carta al zar y le dijo: "Los franceses son civilizados, pero no su emperador...".
> No somos tan civilizados, durante mucho tiempo quisimos lo mismo que él. Queríamos glorias, conquistas, esclavos y alabanzas.
> [...] Los austríacos, sobre todo, consideraban brutales y despreciables a los franceses. (p. 114)

El accionar simultáneo de diversos modos, diversas miradas y saberes para un mismo fenómeno parece predicar la imposibilidad del binarismo como único patrón lógico para interpretar, ordenar el mundo y legitimar la "verdad" y el "poder".

Esta postura, emergente del discurrir narrativo, deviene apuntalada por otro de los niveles textuales: el de las imágenes (o conceptos) de mujer inscriptas en *La pasión*.

En el primer capítulo, a través del discurso del personaje masculino, se plasman los diferentes discursos que, colectivamente, circulan sobre las mujeres.

La historia de *la madre* (de Henri) evidencia, por un lado, un concepto de educación destinada a la mujer y un esquema de conducta esperado, y, por el otro, la duplicidad, como condición propia del sujeto femenino construido por esa educación y por esa sociedad. Aparece entrelazado aquí el tema del *matrimonio* (pp. 20-22).

A continuación aparece la imagen de *la estéril*, Josefina (p. 23), la que todo lo pierde porque no puede cumplir con el imperativo de la procreación. Seguidamente, y comparadas casi con ella (sexo sin hijos), *las prostitutas*; minuciosamente descriptas en sus acciones y condición, clasificadas (las putas de la ciudad, del burdel y las *vivandières* del ejército) (pp. 23, 24, 48).

Junto a estas cristalizaciones, a estos tipos vigentes en el imaginario colectivo, hay un reconocimiento, desde la primera parte de la novela, antes de la aparición de Villanelle, de *un saber* y *un poder* exclusivamente femeninos:

> Hoche, hombre de mundo, no creía en los cuentos de viejas, pero pronto descubrió que las mujeres eran más listas que él. (p. 32)

> Aquí no pensamos en ellas. Pensamos en sus cuerpos y, de vez en cuando, hablamos de nuestro pueblo, pero no pensamos en ellas como lo que son: las más fuertes, las más amadas, las bien conocidas.
> Ellas siguen. Hagamos nosotros lo que hagamos, ellas siguen. (p. 37)

Se apunta la conciencia de la diferencia, pero no como jerarquización inferiorizante, en lo que respecta a la mujer, sino apreciada en su positividad. Es más, la jerarquización tradicional parece invertirse.

En una de las anécdotas internas, tipificadora o ejemplificadora de una relación matrimonial (en la que el hombre *usa* a su compañera para hacer cosas y hacer hijos), se establece un paralelismo mujer-Dios.

> ... cuando ella murió, de repente una mañana, él perdió aquella luz que tenía en la voz, sus cañerías se llenaron de cieno y apenas fue capaz de recoger la cosecha ni de criar a sus hijos.
> Ella le había hecho posible. En este sentido, ella era su dios.
> Como Dios, se vio descuidada. (p. 38)

En oposición a este "catálogo" de mujeres ofrecido en el primer capítulo —que opera como muestreo de las figuras femeninas fijadas en el imaginario social— se construye, a partir de la segunda parte, la imagen de Villanelle que, al par de subvertirlas, genera otra posibilidad de existencia. Se configura en el relato a través de una vasta red de semas que la plasman en una visión totalizadora. Definida *diferente* desde lo físico (p. 60), aparece vinculada al disfraz y a la seducción (p. 65), a la libertad (p. 108), al juego y a un saber distinto (cap. II), al dinero, a una función activa en el amor (pp. 105 y 132), a la valorización del cuerpo y al sexo (pp. 76-77), a una posesión privilegiada de voz y discurso, como narradora de historias (p. 113), y directamente relacionada con el agua, elemento primordial y mediador, símbolo del movimiento y de la vida.

La transgresión culminante del paradigma prácticamente se opera en el centro de la novela, cuando la impronta de lo erótico-sexual se despliega a través de una serie de escenas de amor en la pareja mujer/mujer, en la que ambas son sujetos deseantes:

> Y así desde el principio, dividimos el placer. Ella se echó en la alfombra y yo me eché formando ángulo recto con ella, de modo que sólo nuestros labios pudiesen encontrarse. Besarse de esta manera es de lo más extraño. El cuerpo ansioso que exige satisfacción y se ve obligado a conformarse con una única sensación y, así como los ciegos oyen mejor y los sordos notan como crece la hierba, la boca se convierte en el foco del amor y todas las cosas pasan por ella y son redefinidas. Es una tortura dulce y precisa. (pp. 76-77)

> ... empecé a besarla en el cuello. Ella me hundió la cabeza en su pelo, y con esto me hizo suya. Su olor, mi atmósfera, y, después,

cuando me quedé sola maldije las ventanas de mi nariz porque
respiraban el aire de siempre y vaciaban mi cuerpo de ella. (p. 79)

> En las horas en que no podíamos vernos, nos enviába-
> mos mensajes de amor y de deseo. En las horas en que podíamos
> vernos, nuestra pasión era breve y violenta. (p. 81)

Se impone un léxico sensual (anclado fuertemente en imágenes
sensoriales: visuales, olfativas, táctiles), la exploración de una experiencia y un comportamiento que exhiben una perspectiva nueva de
la vivencia amorosa, una vivencia que "no implica una actitud inicial
de defensa, no necesita superar la *otredad*".[3]

En *Escrito en el cuerpo* (1992) Jeanette Winterson expondrá
esta orientación en líneas más definidas, y lo que en *La pasión*
constituye un núcleo más (si bien privilegiado) invadirá allí, por
entero, la obra. La historia de amor desalojará de la textura todo
asunto o interés externos y se tornará francamente provocativa en su
exposición de la topografía del deseo. Revelándose contra mandatos
ancestrales, este amor impondrá sus propias reglas en la vida y en la
escritura. Sólo profundizará dos nexos-problemas (perfilados ya como
preocupaciones radicales desde *Fruta prohibida*): Dios (o la fe) y la
muerte. Ellos atravesarán todas las reflexiones y todos los gestos: en
el vocabulario, en la facturación de la sintaxis, en el acto mismo de
semiosis textual.

Abarcada en su conjunto, la creación íntegra constituye una
afanosa búsqueda de sentido desde el lugar inaugurado por la mujer
que escribe:

> Hablábamos perfectamente, y nos encontramos con que
> la vida es un idioma extranjero. En algún lugar entre el pantano
> y las montañas. En algún lugar entre el miedo y el sexo. En
> algún lugar entre Dios y el Diablo está la pasión... (p. 77)

El discurso promueve desde la metáfora la superación de
cualquier dualismo, la transformación conjunta de código y paradigmas,
la enfática postulación de una clave distinta para completar la
comprensión del ser y del mundo.

---

3. Biruté Ciplijauskaité, *La novela femenina contemporánea*, Madrid, Anthropos,
1988, p. 167.

Creo que el desmontaje de modelos específicamente literarios y culturales (novela histórica, convenciones narrativas —y consecuentemente pactos de lectura preestablecidos—, imágenes de hombre y de mujer, esquemas de comportamiento legitimados, superan ampliamente las modalidades de la transgresión y de la rebeldía para instalar nuevos interrogantes y cuestionamientos a definiciones mistificadoras en la obra de la autora inglesa.

Se asiste a la transmutación *in situ* de habitáculos formales heredados en facturas artísticas originales en las que se da la vertebración textual de un sujeto deseante a partir de la doble posesión del cuerpo y la palabra.

La conformación simultánea de otra imagen de mujer y de novela se corresponde con un postulado que Ciplijauskaité señala como axial en la literatura femenina actual: "Escribir se vuelve igual a crearse".[4]

En el intento de exorcismo de filtraciones ideológicas, de evasión elaborada de la tradición y de las trampas del lenguaje, se trasunta un tácito compromiso de resimbolización del imaginario femenino desde el interior de la creación estética. Y en tal creación está presente la liberación del deseo a través de una retórica específica como centro de asunción declarada de otra axiología.

Hurtando terrenos ajenos y tradicionalmente vedados a su pluma (el relato de la historia y la exploración de la sexualidad), la mujer, antes objeto, ha devenido innegablemente sujeto con una propuesta artística emergente de tal calidad que invita a pensarla en términos de debate y nueva poética.[5]

---

4.   Ídem, p. 20.

5.   Patricia Violi realiza interesantes reflexiones sobre el aspecto tratado en "Sujeto lingüístico y sujeto femenino", en *Feminismo y teoría del discurso*, Madrid, Cátedra, 1990.

Bibliografía*

ALCOFF, Linda y Elizabeth POTTER (comps.), *Feminist Epistemologies*, Londres, Routledge, 1993.

AMORÓS, Celia, *Hacia una crítica de la razón patriarcal*, Barcelona, Anthropos, 1985.

—, "Identidad femenina y resignificación", en *Ciclo de conferencias sobre "El deseo" y "La construcción del sujeto femenino"*, La Coruña, febrero-marzo de 1993, Fundación Paideia, 1994, pp. 81-93.

— (coord.), *Historia de la teoría feminista*, Madrid, Instituto de Investigaciones Feministas de la Universidad Complutense de Madrid-Conserjería de Presidencia-Dirección General de la Mujer, 1994.

ARDENER, Shirley (ed.), *Perceiving Women*, Nueva York, University of Chicago Press, 1977.

BARTHES, Roland, "Proust y los nombres", en *El grado cero de la escritura. Nuevos ensayos críticos*, México, Siglo XXI, 1972.

BAUDRILLARD, Jean, *De la seducción*, Madrid, Cátedra, 1987.

BEAUVOIR, Simone de, *El segundo sexo*, Buenos Aires, Siglo XX, 1972.

BETTELHEIM, Bruno, *Psicoanálisis de los cuentos de hadas*, México, Grijalbo, 1988.

BHABA, Homi K., *The location of culture*, Londres-Nueva York, Routledge, 1994.

BLANCHOT, Maurice, *El diálogo inconcluso*, Caracas, Monte Ávila, 1970.

BURÍN, Mabel, "Género y psicoanálisis: subjetividades femeninas vulnerables", en *Actualidad Psicológica*, XIX, 20, Buenos Aires, junio de 1994.

— *Estudios sobre la subjetividad femenina*, Buenos Aires, Grupo Editor Latinoamericano, 1987.

---

* Sólo se consignan aquellas traducciones que se han utilizado en este libro.

— y Emilce DIO-BLEICHMAR (comps.), *Género, psicoanálisis, subjetividad*, Buenos Aires, Paidós, 1996.

CALLE, Mireille (comp.), *Du Féminin*, Québec, Le Griffon d'argile, Coll. Trait d'union, 1992.

CALLEJO, Jesús, *Hadas: guía de los seres mágicos de España*, Madrid, 1995.

CANCINA, Pura, *Escritura y femineidad. Ensayo sobre la obra de Marguerite Duras*. Buenos Aires, Nueva Visión, 1990.

CIPLIJAUSKAITÉ, Biruté, *La novela femenina contemporánea*, Madrid, Anthropos, 1988.

CIXOUS, Hélène, *La Jeune Née*, París, UGE, Coll. 10/18, 1975.

—, *La Venue à l'écriture*, París, UGE, Coll. 10/18, 1977.

— "Sorties" y "The Laugh of the Medusa", en Elaine MARKS e Isabelle DE COURTIVRON (eds.), *New French Feminisms*, Brighton, Harvester, 1980.

—, *Entre l'écriture*, París, des Femmes, 1986.

COLAIZI, Giulia (ed.), *Feminismo y teoría del discurso*, Madrid, Cátedra, Col. Teorema, Serie Mayor, 1990.

CULLER, Jonathan, *Sobre la deconstrucción*, Madrid, Cátedra, 1984.

DELEUZE, Gilles, *Diferencia y repetición*, Madrid, Júcar, 1988.

—, *Lógica del sentido*, Barcelona, Paidós, 1989.

—, *Proust y los signos*, Barcelona, Anagrama, 1995.

—, y Félix GUATTARI, *Rizoma*, México, Coyoacán, 1984.

DERRIDA, Jacques, *De la gramatología*, Buenos Aires, Siglo XXI, 1971.

—, *La doble sesión*, Madrid, Fundamentos, 1975.

—, *La diseminación*, Madrid, Fundamentos, 1975.

—, *L'Écriture et la différence*, París, Seuil, 1979.

—, *Espolones*, Valencia, Pre-textos, 1981.

—, "Edmond Jabès y la cuestión del libro", en *La escritura y la diferencia*, Barcelona, Anthropos, 1989.

DIDIER, Béatrice, *L'Écriture femme,* París, Presses Universitaires de France, 1991 (2ª ed.).

DIO-BLEICHMAR, Emilce, "Los pies de la ley en el deseo femenino", en Ana María FERNÁNDEZ, (comp.), *Las mujeres en la imaginación colectiva. Una historia de discriminación y resistencias,* Buenos Aires, Paidós, 1993 (1ª reimpr.).

ECKER, Gisela (ed.), *Estética feminista*, Barcelona, Icaria, 1985.

FERNÁNDEZ, Ana María, *La mujer de la ilusión*, Buenos Aires, Paidós, 1993.

— (comp.), *Las mujeres en la imaginación colectiva. Una historia de discriminación y resistencias*, Buenos Aires, Paidós, 1993 (1ª reimp.).

FLAX, Jane, *Psicoanálisis y feminismo. Pensamientos fragmentarios*, Madrid, Cátedra-Feminismos, 1990.

FOUCAULT, Michel, *Microfísica del poder*, Madrid, La Piqueta, 1979.

—, *Historia de la locura en la época clásica*, México, FCE, 1976.

—,   *Las palabras y las cosas*, Barcelona, Planeta, 1984.

—,   *Historia de la sexualidad. 2. El uso de los placeres*, México, Siglo XXI, 1986.

—,   *El orden del discurso*, Barcelona, Tusquets, 1987.

—,   *Historia de la sexualidad. 1. La voluntad de saber*, México, Siglo XXI, 1987 (15ª ed.).

FRAISSE, Geneviève, *Musa de la razón*, Madrid, Cátedra-Feminismos, 1991.

FREUD, Sigmund, "Tres ensayos de teoría sexual", en *Obras completas*, Vol. 7; "Sobre las teorías sexuales infantiles", Vol. 9; "Sobre la más generaliza-da degradación de la vida amorosa (contribuciones a la psicología del amor II)", Vol. 11; "La organización genital infantil (una interpolación en la teoría de la sexualidad)" y "Algunas consecuencias psíquicas de la diferencia anatómica entre los sexos", Vol. 19; "Sobre la sexualidad femenina", Vol. 21; "La feminidad" y "Pegan a un niño", Vol. 22; "Análisis terminable y análisis interminable", Vol. 23, Buenos Aires, Amorrortu, varios años.

GADINER, Judith Kegan, "On Female Identity and Writing by Women", en *Critical Inquiry*, VIII, 2, invierno 1981.

GILBERT, Sandra M. y Susan GUBAR, *The Madwooman in the Attic: The Woman Writer and the Nineteenth Century Literary Imagination*, New Haven, Yale University Press, 1979.

—,   *No Man's Land: The Place of the Woman Writer in the Twentieth Century* (tres Vols.: *The War of the Words; Sexchanges; Letters from the Front)*, New Haven & Londres, Yale University Press, 1989.

GRIFFIN, Susan, *Woman and Nature*, Nueva York, Harper & Row, 1979.

GUBAR, Susan, "«The Blank Page» and the Issues of Female Creativity", en *Critical Inquiry*, VIII, 2, invierno, 1981.

HUTCHEON, Linda, *A Poectics of Postmodernism. History, Theory, Fiction*, Nueva York, Routledge, 1988.

IRIGARAY, Luce, *Speculum*, Madrid, Saltés, 1978.

—,   *Ese sexo que no es uno,* Madrid, Saltés, 1982.

—,   *Parler n'est jamais neutre*, París, Minuit, 1985.

—,   *Yo, tú, nosotras*, Madrid, Cátedra-Feminismos, 1992.

ITKIN, Silvia (comp.), *Mujeres y escritura*, Buenos Aires, Puro Cuento, 1989.

JITRIK, Noé, *Historia e imaginación literaria*, Buenos Aires, Biblos, 1995.

JULIANO, Dolores, *El juego de las astucias. Mujer y construcción de modelos sociales alternativos*, Madrid, Cuadernos Inacabados, 1992.

JURANVILLE, Anne, *La mujer y la melancolía*, Buenos Aires, Nueva Visión, 1994.

KRISTEVA, Julia, *Semeiotiqué. Recherches pour une sémanalyse*, París, Seuil, Coll. Points, 1969. [Trad. esp.: *Semiótica, 1 y 2*, Madrid, Fundamentos, 1981.)

—, *La Révolution du langage poétique*, París, Seuil-Tel Quel, 1974.

—, "Le sujet en procès"; "Maternité selon Giovanni Bellini", "La femme, ce n'est jamais ça", en *Polylogue*, París, Seuil, Tel Quel, 1977.

—, "Stabat Mater", en *Histories d'amour*, París, Denoël, 1983. [Trad. esp.: *Historias de amor*, México, Siglo XXI, 1993.]

—, "Práctica significante y modo de producción", en Julia Kristeva *et al.*, *Travesía de los signos*, Buenos Aires, La Aurora, 1985.

—, *Poderes de la perversión*, Buenos Aires, Catálogos, 1988.

Lacan, Jacques, *Escritos 1 y 2*, Buenos Aires, Siglo XXI, 1985.

—, *El seminario de Jacques Lacan. Libro 7. La ética del psicoanálisis, 1959-1960*, Buenos Aires, Paidós, 1988.

—, *El seminario de Jacques Lacan. Libro 20. Aun, 1972-1973*, Buenos Aires, Paidós, 1991 (1ª reimp.).

Lerer, María Luisa, *Sexualidad femenina. Mitos y realidades*, Buenos Aires, Paidós, 1995.

Lotman, Jurij y Boris Uspenkij, *Sobre el mecanismo semiótico de la cultura*, Madrid, Cátedra, 1979.

Martín Gaite, Carmen, *Desde la ventana*, Madrid, Espasa Calpe, 1987.

Moi, Toril, *Teoría literaria feminista*, Madrid, Cátedra, 1988.

Mora, Gabriela, "Crítica feminista: apuntes sobre definiciones y problemas", en Gabriela Mora y Karen S. Van Hooft, *Theory and Practice of Feminist Literary Criticism*, Bilingual Press, Michigan, 1982.

Oliver, Kelly, *Reading Kristeva. Unraveling the Double-bind*, Bloomington, Indiana University Press, 1993.

Osborne, Raquel, "Sobre la ideología del feminismo cultural", en Celia Amorós (coord.), *Historia de la teoría feminista*, pp. 311-337.

Owens, Craig, "El discurso de los otros: las feministas y el posmodernismo", en Hall Foster *et al.*, *La posmodernidad*, Barcelona, Kairós, 1985.

Paglia, Camille, *Sex, Art, and American Culture*, Nueva York, Vintage Books, 1992.

Piña, Cristina, "La narrativa erótica: literatura y sexualidad", en *Unicornio*, I, 2, agosto-setiembre de 1992 (dossier).

Pommier, Gérard, *La excepción femenina*, Buenos Aires, Alianza Estudio, 1986.

Puleo, A.H., "Sexualidad y conceptualización de la mujer, en *Ciclo de conferencias sobre "El deseo" y "La construcción del sujeto femenino"*, cit., pp. 95-106.

Rich, Adrienne, *On Lies, Secrets and Silence*, Nueva York, W.W. Norton & Co. Inc., 1979.

—, *Blood, Bread, and Poetry*, Nueva York, W.W. Norton & Co. Inc., 1986.

Rodríguez Magda, Rosa María, *Femenino fin de siglo. La seducción de la diferencia*, Barcelona, Anthropos, 1994.

—, "El feminismo francés de la diferencia", en Celia AMORÓS (coord.), *Historia de la teoría feminista*.

ROFFÉ, Reina, "Itinerario de una escritura. ¿Desde dónde escribimos las mujeres?", en Sonia MATTALÍA y Milagro ALEZ (eds.), *Mujeres: escrituras y lenguajes*, Universitat de Valencia, 1995.

ROMERA CASTILLO, José *et al.* (eds.), *La novela histórica a finales del siglo XX*, Madrid, Visor, 1996.

ROSSANDA, Rossana, *Las otras*, Barcelona, Gedisa, 1982.

SARLO, Beatriz, "Decir y no decir: erotismo y represión", en *Una modernidad periférica: Buenos Aires 1920 y 1930*, Buenos Aires, Nueva Visión, 1988.

SEFCHOVICH, Sara, "Introducción", en *Mujeres en espejo*, Buenos Aires, Folios, 1983.

SHOWALTER, Elaine, "Towards a Feminist Poetics", en Mary JACOBUS (ed.), *Women Writing and Writing About Women*, Londres, Coroom Helm, 1979.

—, "Feminist Criticism in the Wilderness", en *Critical Inquiry*, VIII, 2, invierno de 1981.

SPAKS, Patricia Meyer (comp.), *La actuación femenina en el mundo académico*, Buenos Aires, Fraterna, 1986.

SPERANZA, Graciela, *Primera persona. Conversaciones con quince escritores argentinos*, Buenos Aires, Grupo Editorial, 1995.

TUBER, Silvia, *La sexualidad femenina y su construcción imaginaria*, Madrid, El Arquero, 1988.

VEGH, Isidoro, *De la femineidad*, Buenos Aires, Fichas de la Escuela Freudiana de Buenos Aires, Seminarios, 1989.

VIOLI, Patricia, "Sujeto lingüístico y sujeto femenino", en *Feminismo y teoría del discurso*, Madrid, Cátedra, 1990.

WOOLF, Virginia, *Una habitación propia*, Barcelona, Bruguera, 1986.

Sobre las autoras

MARÍA ANGÉLICA ÁLVAREZ. Profesora titular e investigadora de la Universidad Nacional de Mar del Plata, actualmente a cargo del Área de Literaturas Extranjeras-Cultura y Literatura Europeas. Se ha desempeñado también como docente de Introducción a la Literatura, Teoría y Crítica Literarias y Literatura Inglesa y Norteamericana. Ha participado como expositora en congresos nacionales e internacionales y ha dictado numerosos seminarios de grado y de posgrado. Ha publicado artículos sobre literatura inglesa medieval y contemporánea en revistas especializadas.

ANA MARÍA GARCÍA. Docente e investigadora de la Universidad Nacional de Mar del Plata en el Área de Teoría y Crítica Literarias. Ha participado como expositora en congresos nacionales e internacionales.

SANDRA JARA. Docente e investigadora de la Universidad Nacional de Mar del Plata en el Área de Teoría y Crítica Literarias. Ha participado como expositora en congresos nacionales e internacionales y publicado artículos en revistas especializadas.

CLELIA MOURE. Docente e investigadora de la Universidad Nacional de Mar del Plata en el Área de Teoría y Crítica Literarias. Ha participado como expositora en congresos nacionales e internacionales y publicado artículos en revistas especializadas del país y del exterior.

CRISTINA PIÑA. Escritora, docente universitaria, traductora y periodista especializada en temas literarios. Ha publicado cinco libros de poemas, cuatro libros de ensayo y de crítica literaria —entre ellos *La palabra como destino. Un acercamiento a la poesía de Alejandra Pizarnik* (1981); "Marco Denevi: la soledad y sus disfraces", en *Ensayos de crítica literaria* (1983, primera mención Concurso Coca-Cola en las Artes y las Ciencias) y *Alejandra Pizarnik, una biografía* (1991, Segundo Premio Municipal de Ensayo)—, así como el estudio prelimi-nar a antologías de poemas de Olga Orozco, Alejandra Pizarnik y Amelia Biagioni y la edición de los *Poemas completos y prosa escogida* de Alejandra Pizarnik (1993). También diversos estudios prelimina-res y prólogos de antologías y obras de autores argentinos y numerosos artículos, colaboraciones y reseñas críticas en diarios, revistas espe-cializadas y volúmenes colectivos del país y del exterior. En 1982 ganó la beca Fulbright y formó parte del International Writing Program de la Universidad de Iowa. Como docente universitaria, en la actualidad es profesora titular de Teoría y Crítica Literaria I en la Universidad Nacional de Mar del Plata, donde es directora del grupo de investiga-ción "Escritura y productividad" y ha dictado numerosos seminarios de grado y de posgrado. En su carácter de investigadora, ha participado en numerosos congresos nacionales e internacionales como expositora y como conferenciante, además de haber obtenido dos becas de inves-tigación del CONICET. Como traductora, ha traducido del inglés y del francés más de sesenta libros y piezas teatrales, entre ellas *Ricardo III* de William Shakespeare para la puesta en escena de 1997 de Agustín Alezzo en el Teatro Municipal General San Martín (Buenos Aires). Por fin, como periodista especializada en temas literarios ha colaborado y colabora con medios gráficos, radiales y televisivos. Ha merecido diversos premios por su labor poética, ensayística y periodística.

CECILIA SECRETO. Docente e investigadora de la Universidad Nacional de Mar del Plata en el Área de Teoría y Crítica Literarias. Ha participado como expositora en congresos nacionales e internacionales y publicado artículos en revistas especializadas.